高山正之が斬る朝日新聞の魂胆を見破る法

なぜ巨大メディアは平気で嘘をつくのか

高山正之 著

テーミス

まえがき

新聞記者になって初めて同業者として朝日新聞記者に会ったときの感想は特になかった。彼らはいつも忙しそうにしていた。例えば記者クラブと県警本部長の懇談会があっても、仕事の都合でとかいって出てこない。

特ダネでも仕込んでいるのかと最初は不安に思った。抜かれれば支局長にぐじぐじ小言をいわれる。しかし、朝日に抜かれることは一度もなかった。クラブでは暇なとき麻雀や花札をやるが、彼らは絶対にやらない。

囲碁を教えてくれた毎日新聞記者、仕事の手順を教えてくれた読売記者、よく一緒に飯を食いに行った東京新聞の記者などに比べれば、朝日の記者はとっつきにくい連中だった。

その朝日新聞の記者があるときこちらを取材にきた。記者が記者を取材に来る。随分びっくりした。

当時、全日空のベテランパイロットを取材し、ある雑誌に連載していた。そのシリーズの中で戦前派のベテランが新鋭のボーイング727型機に乗ったときの印象を「もう飛行機を自分の意のままに操り、自由に空を飛び回る時代は終わった」と語った。

操ろうにもいまの飛行機はとてつもなく大きく、とてつもない馬力を持つ。乗客もせいぜい10人だったのがいまはもう300人の時代に入ってきた。自分が知っている昔の空ではなくなったと。その例に昭和41年にあった同じ727型機の東京湾墜落事故を挙げた。事故機は計器飛行をキャンセルし有視界飛行で近道を飛んだ。

「あの機は加速すると戦闘機なみに背中を押される」「降下率も在来機とは比較できないレスポンスがあった」と語った。昔の気分で操ろうとしてはだめだ。私は時代遅れになった、だから引退を決めたという話だった。

で、朝日はその話のどこが聞きたいのか。筆者として尋ねたら要は「朝日はあの事故原因を機体欠陥説としてきた」「それに逆らう内容」だから許せないという。

でも様々な意見があっていいだろうと答えたが、数日後の朝日新聞総合面トップ写真付きで「とんでもない発言が飛び出した」と批判記事が載った。

朝日の主張に逆らうことは新聞で叩かれるほど悪いことなのか。

この新聞は自分たちこそ正義、他の意見は要らないという、独善の塊に見えた。中世、イエス様を崇めて神社仏閣をぶっ潰して歩いた伴天連をふと思い出した。

朝日とはよほど折り合いが悪いのか、その2年後、社会部デスクのときに再び朝日新聞と対決することになった。

その日、当番デスクで席に着くと遊軍記者石川水穂が先日、朝日新聞一面に「これが毒ガス作戦」の見出しで載った写真はいんちきで「渡河作戦でたかれた煙幕」だという検証ものの原稿をだしてきた。

朝日の記事には一橋大の藤原彰教授が志村けん風に「そうです。これが毒ガスです」の解説も付けている。しかし石川原稿の方がもっと説得力があった。だいたい毒ガスは地を這うものだ。最初にベルギーで使われたイペリットは地を這って塹壕に流れ込んで兵員を殺した。朝日の写真のようにもくもく空に昇っていったのではカラスしか殺せない。石川原稿で社会面トップを張った。

翌朝、仮眠室で寝ていたら朝日新聞佐竹昭美部長からの電話で叩き起こされ、大変なことをしてくれたな、夕刊降版後にそっちに行く、編集局長にも伝えておけという殴り込み予告だった。

待っていたらホントに一人で殴り込んできて編集局の真ん中で「産経新聞など叩き潰し

てやる」と吠えた。

こちらの主張は正しかった。朝日は数日後に訂正を出したが、佐竹の心情が分からなかった。誤りを指摘されたら新聞人だったら普通は調べ直す。指摘通りだったら謝罪する。しかし彼は記事の真偽でなく朝日に文句をつけたことに怒っていた。「朝日に楯突くとはいい度胸だ」と彼はいった。こっちが不敬罪を働いたようにいう。

この騒ぎを通して、朝日新聞記者はもしかしたらナルシシズムと集団的独りよがりが特徴のソシオパス（反社会的人格障害集団）じゃないかと思うようになった。

朝日新聞はまた吉田清治に乗って慰安婦の嘘を30年間振り撒き、日本人を貶め続けた。その間には珊瑚に傷をつけて「精神の貧しさの、すさんだ心の」と日本人を腐す。まるで自分は日本人ではないみたいないい方をする。

こうなるとソシオパスだけでは説明できない。改めて朝日新聞の歴史を繙くと昭和20年9月のＧＨＱによる休刊事件がある。

朝日新聞は日本人がそう思うであるように米国の蛮行をきっちり告発していた。鳩山一郎に原爆投下を毒ガスにも勝る非人道性行為と指摘させ、ＧＨＱが押しつけてきた日本軍によるマニラ大虐殺には「皇軍がそんなことをするわけがない」「検証すべきだ」と正論を書いている。

GHQはそれに対して2日間の休刊を命じたことになっている。が、実はあれは廃刊命令だったという説が根強い。米国は紙媒体を軽んじていた。日本にはものすごく性能のいいラジオが普及していた。NHK放送だけで戦後の洗脳をやる気だった。楯突く新聞などいらなかった。だいたい紙の制限は植民地支配のイロハだった。

それに慌てた朝日は米国への忠誠を誓って生き残りを許してもらった。以後、朝日新聞は恥じることも忘れ、米国の走狗となって「日本は侵略国だ」「日本軍は残忍だ」を率先紙面で喧伝し、その一方で米軍は京都の文化財を守ったとかのウォーナー・リストの嘘を書き立て、白人を神のように敬ってきた。

また日本が再び白人国家の脅威にならないよう軍隊も交戦権も放棄するマッカーサー憲法を彼の代理人の気分で「遵守せよ」とも叫ぶ。いまでも9条の会も立ち上げ、改憲の風潮を批判する。

その姿を見ていると、植民地帝国主義時代、白人支配のアジア植民地に入って白人の手先になり、現地民政府や民を仕切る華僑にすごく似ている。

自分は日本人の上にいる。

珊瑚落書きのように何で日本人を見下す論調を好むのかもそれで理解できる。トヨタにあらぬ暴走疑惑がかかったとき、朝日新聞の主筆、船橋洋一は「米国ではトヨタは欠陥の代名詞だ」と一面に書いた。真実などどうでもいい。日本を貶め、再興させないことが朝日人の努めと信じ込んでいる。その口吻もそれで理解できる。

本書ではそういう朝日新聞を様々な角度から取り上げてみた。いまのモリカケの狂乱報道の浅ましさを理解する一助になれば幸せだ。

2018年5月吉日

高山正之

高山正之が斬る 朝日新聞の魂胆を見破る法 【目次】

第3章　巨大メディアが世の中を暗くする裏事情――111

第5章 日本の外交官はすぐに逃げ出す—— 199

第6章 文化人面する奴らをぶった斬る

装丁デザイン――八木千香子

第1章

朝日新聞の嘘と魂胆を見破ろう

1回謝れば済むと勘違い 朝日は世間を舐め切った

朝日新聞は99回嘘をいったら99回訂正を出して廃刊すべきだ

嘘をホントらしく見せる朝日

朝日新聞の社長はどれも碌な者じゃなかった。'80年代の渡辺誠毅は日本軍の煙幕を「毒ガスだ」と報じさせ、それがばれて辞めた。

後を追った一柳東一郎は西表の珊瑚に「KY」と彫らせて「日本人はカスだ」と中傷した。それが露見してクビ。

次の中江利忠は植村隆に「日本軍は金学順を女子挺身隊の名で連行した」と嘘を書かせた。金学順は「朝鮮人女衒に売られた」ただの売春婦と自供したが、中江はそれを隠して中大教授・吉見義明に「軍が慰安婦に関与した」と書かせた。

嘘をホントらしく見せるのに朝日はよく馬鹿な教授を使った。「これが毒ガスだ」では目の悪い藤原彰一橋大教授を使った。吉見は文書の読解力が低いところを見込まれた。

中江はこれで吉田清治以来の「朝鮮人慰安婦強制連行」説を完成させた。

それから20年後、木村伊量が吉田清治の嘘を認めて謝罪すると中江が出てきて「木村が悪い」となじった。

何をいう。お前こそ慰安婦フェイクニュースの元凶じゃないか。とっとと世界を行脚して日本の名誉回復に努めるべきだろう。

中江から2代後の箱島信一も中江に並ぶワルだった。というか、ひたすらの東京裁判史観信奉者で、それに批判的な当時の経産相中川昭一と官房副長官安倍晋三を目の敵にした。

それで本田雅和に「NHK番組改編事件」を書かせた。

元朝日記者松井やよりと北朝鮮工作員の黄虎男らが演出した「女性戦犯法廷」をNHKがそのまま番組にした。

皆さまのNHKがいかに非常識で偏向しているかをもろ出しした内容だが、それを「放送前に中川、安倍が圧力をかけて改編させた」と本田は書いた。

しかし中川が圧力をかけたという日に彼は別のところにいたりして、記事のすべてが根も葉もない嘘とばれた。

「北朝鮮は地上の楽園」と賛美

偏向仲間のＮＨＫも庇いきれないお粗末さで、朝日の廃刊も取り沙汰された。

しかし箱島は狡さに長《た》ける。長谷部恭男とかカネで手なずけた自称有識者の「第三者委員会」に無罪を語らせて逃げ切った。ただ、この騒ぎのさなかに週刊朝日がサラ金の武富士から5千万円を恐喝していたことがばれて万事窮した。

しかし、箱島の悪さはそれだけではなかった。彼の任期中に大韓航空機爆破事件の金賢姫の告白から李恩恵こと田口八重子さんが拉致された事実が判明した。

朝日新聞は北朝鮮について二つの信条を貫いてきた。一つは共産主義を体現した素晴らしい国という幻想だ。箱島もそう信じてきた。

それで20年以上も「北朝鮮は地上の楽園」とキャンペーンを張って北を持ち上げてきた。おかげ様でというか在日が10万人も騙されて地獄に帰っていった。

しかし実情は違うと金賢姫が語り、朝日に騙された人々の惨状が次々に地獄から伝わってきた。

箱島は考えた。このままでは朝日の嘘に騙され、希望も財産も失ったと朝鮮人たちに集団訴訟を起こされかねない。

箱島元社長による巧妙な作戦

それで箱島はオピニオン面2ページを使い「北朝鮮・夢と絶望」（'04年7月）を書かせた。岩垂弘らが「取材しないで書いた」けれど「他社も同じ」だし、何より「帰還を促したのは日赤」と言い訳で埋めた。

箱島はどうもこの1回で「10年間の積もりに積もった偽りの報道のすべてにケリをつけた」つもりになったようだ。実際、その翌日から産経と同じ論調で北朝鮮を論評し始めた。

仮に奇跡的に生き残った帰還者が訴えてもこの紙面をかざして「報道は是正済み」「訴えるなら日赤を」と答えるのだろう。朝日が納得すればすべてよしで押し通す気だ。まともじゃない。

朝日のもう一つの信条がGHQのいう「朝鮮を奴隷植民地化した過去」だ。日本は朝鮮に悪いことをした。鉄道を敷き、学校を建て、電気を灯したのは自己都合で、日本は彼らの資源を奪い、奴隷化し、殺しまくったと信じている。

だから拉致問題で日本の対北世論が硬化すると箱島は「拉致問題は日朝国交正常化の障害だ」（'99年8月）と書かせた。金正日が拉致を認めたあとも「拉致ごときで日朝国交正常化の窓口を閉ざすな」（'02年9月18日）と世論を難じた。

紙面でも拉致には極力触れなかった。たまに書いても例えば当時、北朝鮮に残ったままだった曽我ひとみさんの家族の住所を故意に公開（'03年5月）するとか、嫌がらせに徹していた。

だから朝日の紙面に「めぐみちゃん」が出ることは滅多になかった。その伝統はいまも生き、トランプが国連総会で「日本人の13歳少女が拉致された」と触れたときも、朝日新聞（9月20日）の1面も中面も「めぐみちゃん」の見出しはなし。徹底して無視を貫いた。

ところが、ここにきて米国が北朝鮮を潰す気になったのをやっと知った。しかも習近平もトランプに粛々と従い、北潰しに協力しそうな気配が見えた。

「めぐみちゃん」がやっと登場

そうなったらどうなるか。信条にすがってきた編集局も考える。北が潰れれば、色々出てくる。めぐみさん救出もある。このままではまずいと考えたか。

11月4日付朝日は拉致が起きて以来おそらく初めてめぐみちゃんを1面で扱い、社会面では彼女と早紀江さんらの家族写真をカラーで掲載した。記憶では朝日では初めて披露される写真だと思う。

その日以降、朝日はいつも載せてきた風にめぐみちゃんを扱い始めた。「北朝鮮は地上の楽園」報道と同じ処理だ。

99回無視しても1回載せればＯＫと劉邦みたいに思っているのかもしれない。

いま熱中する森友・加計問題。あれもある日、「籠池は詐欺師」「前川は素行が悪い」「辻元と玉木が怪しい」に切り替えて口を拭う気だろう。

そういう朝日新聞の世間を舐め切った態度がどうにも許せない。

（２０１７年12月号）

韓国を依怙贔屓する朝日新聞の魂胆は卑しい

朝鮮半島に文化の痕跡がないことを『天声人語』に教えてやろう

朝鮮人陶工が窯を閉じた真相

少し前、朝日新聞1面コラム『天声人語』を読んで目が点になった。

ここにはよく嘘が並ぶ。それも日本を貶める嘘で「昔、日本は魚の缶詰に石ころを詰めて輸出した」もその一つだ。

日本人がそんな支那人みたいなことをしたのかとみんなが首を傾げたが、これはアナーキスト大杉栄が捏ねた嘘をそのまま転載しただけだった。ウソがばれてもお詫びも訂正も出さなかった。

今度の『天声人語』の嘘も悪質だ。話は朝鮮人陶工の李参平で書き出される。あっちでは陶工など下賤な生業の者の名が歴史に残ることは絶対にない。日本だから「1616年、有田で磁器に合う石鉱を見つけた」人物としてその名が残った。

かくて有田焼が賑わうが、そのために有田の土を求める者たちで周辺の山々が荒らされていった。

この辺のところは学の浅い『天声人語』は書いていないが、鍋島藩は環境保護と有田焼の品質管理を兼ねて陶工の数を半分に減らした。記録では1千700人ほどいた陶工を900人に減らしたが、興味深いのは「男の陶工532人、女の陶工294人が廃業させられた」とある。

あの時代から日本女性は手に職を得て男とほぼ対等に働いていた。

20世紀、日本が朝鮮にいったときまであっちの女に名前はなかった。まして女が陶工として働ける環境もなかった。

李参平はどんなふうに男と対等に働く日本人女性を見ていただろうか。

おまけにこのとき「朝鮮人陶工は優先して残した」とある。こっちに連れてきてクビというのは酷と思ったのだろう。鍋島の殿様はそこまで思いやった。

しかし李参平の窯は6代目で閉じる。そのわけはいまに残る有田焼を見れば分かる。精緻で、彩色も見事の一語に尽きる。対して朝鮮の焼き物は左右対称といった基本もなっていない、歪んだりひしゃげたり。それが侘び寂びに通じると茶人がありがたがった。そういったケンチャナヨ（いい加減な）朝鮮風磁器は有田では通用しなかったということだ。

文化は日本から朝鮮に流れた

むしろ6代目まで窯を維持させてやったお殿様の器量を評価するところだろうが、『天声人語』はこういう歴史を何も知らずにあほな文化論を展開する。

曰くに「（有田焼の）陶芸に限らず、文字や律令、宗教まで大陸や半島から教わっては磨き上げる。それが日本の歩んだ道だ」

「文化や人種の違いをあげつらい、何が日本固有でどれが韓国由来かまくし立てることにどんな意味があるのか」

と説教する。

陶芸についての『天声人語』の誤りは前述したとおりだ。加えて「文字や律令、宗教」のどれか知らないが、半島から来たと『天声人語』はいい切る。

しかしアジア学の泰斗、古田博司は久しく「朝鮮半島は文化的に空白」で「朝鮮には日本から文化が流れた」と「文化は半島経由」説を否定している。

唐辛子が半島では和辛子に

実際、滋賀県でオルドスの青銅器文化を伝える遺跡が見つかったが、朝鮮半島にその文化の痕跡もない。半島とは別の沿海州辺りから大陸と日本を結ぶルートがあったことはもはや史実だ。

朝日の記者には難しそうだから易しい例でいうと例えば唐辛子。日本では唐から来たから唐辛子だが、半島では倭（和）辛子と呼ぶ。日本から来たという意味だ。

室町時代には李氏朝鮮から使いがきては鍍金の仕方や紙漉きや田圃の灌漑技術を学んで帰っていた。あっちに文化がない証左だろう。『こんな朝日新聞に誰がした？』という本が出ているが、朝日がおかしいのはいまに始まったわけじゃない。昔からモノ知らずで不勉強だった。

先日も法隆寺に所蔵されていた「絹地に描かれた白虎の図」を取り上げていたが、それも「江西大墓の壁画に類似している」「朝鮮半島の影響、色濃く」と書いていた。

江西大墓とは高句麗時代後期、つまり7世紀初めごろに平壌郊外につくられた古墳で、10年くらい前に世界遺産に登録された。ただ推薦人は支那に媚びて自虐史観を盛り上げた平山郁夫だ。朝鮮にもこんなところで媚びを売っていた。

それだけで江西大墓にはいかがわしい匂いが芬々とするのに、キトラや高松塚が見つかると今度の法隆寺の場合と同じ、間髪を入れず「それは江西大墓がモデルだ」と朝日はいいふらす。

「文化は朝鮮半島から」説のたった一つの根拠にされているのだ。そんな立派なモデルなら壁画同士をならべてみればいいのにそれは一切やらない。

で、朝日が江西大墓の壁画がモデルという高松塚の玄武を個人的に比べてみた。玄武は亀と蛇が絡む構図で、高松塚のそれは亀の甲羅も蛇の鱗も生き生きと色彩豊かにかつ精緻に描かれている。

対して江西大墓のそれはほとんどモノクロで、亀は薄っぺら。絡む蛇は細くよじれ、まるでビニール紐みたい。麻縄で縛ったスッポンという感じだった。十分ケンチャナヨ壁画だ。それをどう参考にすれば精緻な高松塚になるのか。

亀とスッポンの区別がつかず

そういえば産経新聞のソウル特派員のコラムに、何でも日本に憧れる韓国人が日本料理を習いに来てスッポン料理に吃驚して逃げ出す話があった。

彼らは亀を神聖視する。でもスッポンは亀ではない。亀の甲羅は背骨が変化した、つまり骨なのに対しスッポンの甲羅は皮膚が変化したものだ。

柔らかいゼラチン質でできているから触ればその違いは分かる。何で韓国人は厨房から逃げ出してしまったのか。

コラムはそのワケまで書いていないが、もしかして韓国人は江西大墓の玄武の壁画で亀の姿を学んだのではなかろうか。

あの壁画が刷り込まれていれば、亀とスッポンの区別がつくわけもない。

『天声人語』に教えてやる。韓国に文化はない。だから韓国由来の文化もない。それにオリジナルがどうの、まくし立てて騒ぐのはあっちの国の人たちだ。

（２０１７年10月号）

外国はみな「いい国」と書く朝日新聞記者の自虐史観

バングラデシュのテロで日本人が犠牲になっても「日本が悪かった」と

牛を撥ねただけで「殺される」

バングラデシュの海岸線を南に下るとこの国では唯一か所、白い砂浜と青い海が広がるところがある。海岸の名は英統治時代のままホワイトビーチという。

訪れたとき、海外で少女たちが波と戯れていた。

イスラムの教えは女が肌を晒すことを許さない。彼女らはヘジャブを被り、足首まで覆うサリーを着たままだった。

濡れたサリーが肌にまとわりつき、かえってなまめいて見えた。

イスラムはまた夫以外の男と口を利くことを禁じているが、彼女らは濡れた衣装のままでいろいろと世間話をしてくれた。ビキニの水着で泳ぎたいといってキャッキャ笑っていた。

珍しい体験をしてダッカに車で戻っていく途中、道路右側で草を食んでいた牛が急に飛び出してきた。大きな牛だった。避ける余裕もなく撥ねた。バックミラーに牛が毬のように転がっていくのが見えた。車を停めて、振り返ると牛がゆっくり起き上がるところだった。

よかったと思った次の瞬間、助手席にいたバングラ人ガイドが吠えた。「急げ」「逃げろ」と真っ赤になっていう。

見ると、人影も見えなかった田園の景色のあちこちから人の群れが湧き出てきた。それがこっちを目指して押し寄せてくる。目の子で200人、いや、その倍はいただろうか。

いや撥ねたのはこっちだし、弁償もしなければ…。「なに御託を並べてるんだ。殺されるぞ」とガイド。顔はホントに恐怖していた。

いわれるまま、発進させた。幸いエンジンに牛とぶつかったダメージはないようだ。加速した。

赤銅色の肌がいくつも行く先の道路の左右からよじ登ってくるのが見える。

こっちも恐怖しながら加速する。

ドイツ外交官を見舞った悲劇

ガンジス川のデルタに乗っかるこの国に石はない。どこまで掘っても泥ばかり。だから道はその泥を焼いた煉瓦を敷き詰めてつくる。その上をコンクリートで固めるが、セメントに混ぜる小石や砕石がないから砕いた煉瓦を代用する。

でも、スコールが降るから道の下の泥の層が歪む。道路もたわむ。うねる波の上を走るようなもので車は飛び上がり跳ねまわる。道を外れてどこかに突っ込めば彼らに追い付かれる。死にもの狂いでともかく脱出はできた。

ダッカに戻って日本大使にこの話をしたら「逃げて正解」といって、ドイツ外交官の悲劇を話してくれた。

その悲劇はダッカの中心街で起きた。ドイツ大使館に勤務する若い外交官夫妻と7歳の娘が乗った外交官ナンバーの車が子供を撥ねた。

この国は人口稠密だ。車はあっという間に野次馬に取り巻かれた。田舎でさえあれだけ人が湧いた。街中なら想像するだけで怖い。運転手はさっさと逃げた。取り残された外交官夫妻と娘が車から引きずり出され、撥ねられた少女の報復で夫妻の娘が暴行され、殺された。

イスラム過激派の蛮行を免罪

日本のつもりであの田舎道に立って群衆が殺到するのを待ち、牛を撥ねました。大きな怪我でないことを祈ります。そのお詫びをしたいのですが、と一瞬でも考えていた自分の愚かしさに慄然とする思いだった。

そういう思いに至る背景には、ダッカ周辺を走っていて、少なくない人から日本語で声をかけられた経験があるからだ。「日本で働きました。それを元手にいま、大きな仕事をしています」とか。「日本の人はみないい人です」「また行きたいです」とか。人懐こく話す。

彼らの言葉についほだされてバングラの人はいい人だと思ってしまう。子供のころ見た映画『ベンガルの槍騎兵』ではゲーリー・クーパーの指の爪に木の串を打ち込む凶暴な人種に描かれていたが、あれはハリウッドの偏見とさえ思うようになっていた。

しかし、クーパーは正しかった。

そのバングラデシュで今年7月、イスラム過激派のテロがあって日本人7人を含む20人が殺された。10代も含む実行犯6人は人質に拷問し、最後は蛮刀で首を切っていった。彼らは笑っていたと目撃者は証言している。

個人的には「牛」事件のおかげでそれほどびっくりはしなかったが、新聞は違った。朝日などはこの国は「親日国家でいい人」ばかりなのにと「驚き」で受け止める。そんないい国がテロをやる。しかも日本人を選んで殺したのは「もしかして日本が悪かったのではないか」と書く。四倉幹木記者の「対テロ戦／日本も標的に」がそれだ。

日本はイスラム圏の人々を弾圧し、食い物にする欧米列強の一員に数えられているからじゃないか。そう思わせた安倍外交がいけないのだという論調だ。

朝日の「この国はいい人」論はいまさら始まった手法ではない。バングラの数倍は獰猛なアフガンも「いい人の国」にし、そこで井戸を掘る中村哲医師を友好の星に仕立てた。

外国は「いい国」が朝日の社是

しかし現実は「いい国」を信じて入国した広島の教師2人が国境を越えたところで殺され、井戸を掘っていたボランティアの一人も拉致殺害されている。

問題は朝日が危ないのを承知しながら記事では逆を書いていたことだ。アフガンの事件でいえば教員が殺されたスピンバルダック村で、その直前、テレ朝のクルーが拉致され、大層な身代金を払って解放されたが、それを身内の朝日新聞は浸隠しにした。

ボランティア殺しの前後には前述の四倉自身がペシャワルで銃撃され、青ざめて担ぎ込まれている。

朝日の信奉する自虐史観では、悪いのは日本だけだ。「平和を愛する諸国民」が悪くては自虐史観の辻褄が合わない。だから外国はみな「いい国」にしておく。それが社是だからだ。

それに読者が騙されて殺されても、まあ仕方ないさと朝日は思っている。

（2016年12月号）

本多勝一を彷彿させる朝日編集委員の不見識

AIIBをコラムで誉めそやし安倍政権を批判するが

笠信太郎が嘯く「日本のNT」

ニューヨーク・タイムズはザルツバーガーの昔から偉そうに「ウチが書けばそれがニュースだ」といってきた。だってもう20ものピューリッツァー賞を取っているのだからと。

しかしピューリッツァーは「UFOに攫われた」とか「日本軍が旅順で5万人も大虐殺した」とか嘘八百を並べ立ててきたイエローペーパーの代表格ニューヨーク・ワールド紙のオーナーだ。

いかにもっともらしく嘘を書けるかがこの賞の選考基準とさえいわれた。

実際ニューヨーク・タイムズは嘘を山と書いた。日本海海戦で「日本艦隊がロシア装甲戦艦12隻を沈めた」の一報が届いたとき、黄色が白人に勝つはずはない。一報が間違っていると断じて「ロシア艦の水兵が反乱を起こしキングピンを抜いた」という嘘を載せた。

同紙のピューリッツァー賞受賞記事も嘘が多い。スターリンを絶賛して受賞したウォルター・デュランティは後にウクライナ移民から嘘を書いたと訴えられた。

コロンビア大が調査したら、スターリンの治世は地獄そのものだったとわかった。ウクライナでは移民の訴え通り何百万もが飢餓と虐殺で死んでいた。

コロンビア大はデュランティの記事に一片の信憑性もないと結論した。

ただ賞の剥奪はなかった。だって記事はピューリッツァーが望んだように実にもっともらしく書かれていたから。

笠信太郎はそんな実態を知ってか知らずか「朝日新聞は日本のニューヨーク・タイムズだ」とかいい始めた。「ウチが書けばそれがニュースだ」と。

あとはニューヨーク・タイムズをそっくり真似た。デュランティ役は北京支局の秋岡家栄だった。3千万人を殺した毛沢東を慈愛溢れる指導者に仕立て、目の前で展開される血生臭い文革をとてもいいことと称えた。

毎日記者の嘘記事「百人斬り」

毛に睨まれて逃亡中に墜落死した林彪を1年半も「今日も元気」と報じ続けた。その嘘がばれてもニューヨーク・タイムズと同じ。記事を訂正もしなかった。「ウチが書けばニュースだ」とは「真偽は問わない。それをニュースにしたいと思えばいい」という意味なのだ。

それならと秋岡に倣って出てきたのが本多勝一だった。彼は想像力だけで日本軍はかくも残忍でしたと連載「中国の旅」を書き上げた。ただ彼の想像力はそれほどたくましくない。ネタに困って毎日新聞の与太記者、浅海一男が創作した「百人斬り」の嘘を支那人から聞いた話にして書いた。

他人様の嘘は無断で借りてはいけない。「百人斬り」に綻びが出ると、本多も疑われ、他の平頂山虐殺も撫順の万人坑もやっぱり出鱈目とばれてしまった。

何でそんな嘘が好きなのかと問われてこの男はいった。連載「中国の旅」は支那人のいいたい放題を聞き取る旅で、その意味で「取材」ではない（『正論』'14年12月特別増刊号）だと。

朝日社会部「地上の楽園」報道

本人はそれもニュースだと思ったのだろうが、読者はそれを「事実」だと思ってしまう。でも、彼はいう。それは読者の勝手だ。錯覚する方が悪い。

同じころ、社会部に岩垂弘がいた。彼は仲間と「北朝鮮は地上の楽園」という記事を書いた。

「北朝鮮の経済建設のテンポはものすごい」「アパートは次々建てられ、工場が24時間フル操業」で「市民は金日成のもと精神的にも物質的にも安定した生活を送っている」と。

この地上の楽園キャンペーンは実に20年以上続いた。

猜疑心の強い在日朝鮮人でさえそこまで長期キャンペーンをやれば真実だと思ってしまう。それで10万人が地獄に帰って行った。

朝日新聞がその誤りを認めたのは10万人がほぼ殺され尽くした30年後のことだ。金正日がめぐみさんら多くの拉致被害者の存在を認め、そのうちの何人かが帰国した、あそこが地獄だとはっきり証明された後の'04年7月8日、中面にこっそり「北朝鮮の素顔」を載せた。岩垂はそこで「情報が少なかった」「十分な取材ができなかった」から地獄を想像で天国のように書いたと認めた。

普通、記者は取材できなかったら書かない。想像で書くのを捏造という。

朝鮮人はともかく日本人妻3千人もそれで殺されたが、岩垂も朝日も謝罪の一言もない。この一片のいい訳ですべて終わりにしたつもりらしい。

習近平が昨年立ち上げたアジアインフラ投資銀行（ＡＩＩＢ）はそのころから破綻を予言されていた。例えば昨年の支那の貿易量は15パーセントも落ちた。「ＧＮＰでいえばマイナス3パーセント。リーマンショックと同じ」（高橋洋一氏）状況という。

だからＡＩＩＢは発足したものの今も格付けがない。つまり起債できない。

そんなＡＩＩＢを本気モードで推薦したのが編集委員の吉岡桂子だ。

コラム「波聞風問」で毎回のようにＡＩＩＢを誉めそやし「日本、不在のままでいいのか」と参加しない安倍政権の先見の明のなさを批判した。「米国だって加盟を考えている」とも書いた。さすがの支那人だってそこまで嘘はいわない。

彼女はこのペテン銀行のトップ金律群を「白髪でふっくらした」いい男風に描く。ペテン師とは大体そういう見かけが多いのを知らないのか。

邦人企業と家族20万人の命は

それが見当違いだったことにもう気がついていいころだ。大暴落は必至。それどころか習近平は今、本気で戦争をやると噂される。南沙が舞台という。

そうなれば彼女のコラムを信じ、引き揚げ時を失った邦人企業とその家族20万人は悲惨だ。再び反日暴動が起き、通州と同じに残忍に殺されていく。

自分の嘘を信じた人たちが殺されたら忸怩《じくじ》どころか夜も寝られないだろう。

嘘を恥じない本多勝一や岩垂弘と同じ類の人非人として名を残すか。あの記事は嘘でした、支那を捨て早く帰国してと書くか。いまが考え時だと思うが。

（2016年5月号）

偏って悪いかと開き直る朝日新聞「偏向路線」宣言

安倍憎しの星浩特別編集委員のコラムは改良点が見えない

「憲法違反」の安保法制を強調

朝日新聞の特別編集委員の星浩が新年早々、「分かれ道に立つ日米」という見出しのコラムを書いていた。偉くなった新聞記者は自分がいかに偉いかを「米国の偉い様に会って話をした」とか「留学したときの恩師に会って」とか、外人と並んでいる構図を好む。

このコラムもそうで、いかにも日米の知性が語り合いみたいな感じで、共和党のトランプの名には一様に「うんざり」を仄めかす。イスラムの入国禁止発言には「自由と寛容といった米建国精神」のかけらもないとか。

近代世界にあって黒人奴隷を使い、先住民を皆殺しにして土地と資源を簒奪して建てた国のどこに「自由と寛容」があるのか。

対日戦争でかつての朝日新聞が書いたように実に卑劣な手段を用い、原爆を落とし、他国の憲法まで壟断した。

米国人ほど野蛮で小賢しい民族はいないと思うが、それには決して触れない。

そのうえで星は「憲法違反」の安保法制に話を進める。自分の国を守る自衛権も明記されない、一人前の国として軍備も持てない、この安保法制のように自主的な安全保障行動もとれない。それで起きた国会論議だ。

米側の知性が目の前にいるなら、なぜあんな憲法を押し付けたのかを聞くのが日本の新聞記者の務めだろう。

しかし星は何も聞かず、危うい憲法違反行為が起こらないよう、つまり米国が集団自衛権をいいことに日本を使って世界の裏側の戦場に連れ出さないか、そこが問題だと書く。

党首討論会で安倍総裁に質問

彼は書いていて朝鮮動乱を思い出さなかったのだろうか。あのとき、日本を丸裸にしたマッカーサー憲法を押し付けながら、朝鮮で戦争が起きたら白人様に代わって黄色いお前らが戦えと、ダレスが来て吉田茂にいった。

吉田はお前らがヘンテコな憲法を押し付けたのだろうが、とそっぽを向き、米兵3万5

千人が死んだ。続くベトナム戦争では5万人を死なせた。

日本の指導者はそうやってうまくやってきた。米国の知性が目の前にいるのだから、あの展開をどう思ったか、聞いてみたらよかろうに。

とまあ、失礼なことを書いてしまったが、この特別編集委員は実は米国が憲法とともに押し付けた東京裁判史観というか、日本は悪いのだという自虐史観を打ち破るきっかけを作った偉人なのだ。

あれは安倍晋三がまさかの自民党総裁に返り咲いた'12年11月30日のことだ。その日、日本記者会が主催した党首討論会があって、星が次期首相に内定していた安倍晋三に質問した。

いずれも朝日新聞が創った南京大虐殺と慰安婦強制連行を踏まえたもので、戦犯を祀った靖国神社に行くのかが一つ。

もう一つが慰安婦問題だ。普通の首相候補はここで殊勝そうに朝日新聞に迎合する答えを出す。

河野談話のいいかげんを暴く

しかし安倍は違った。まず靖国参拝について「靖国は日本にある。日本の首相が行けない場所などない」。

慰安婦問題への答えはもっとすごい。

「あれは星さんの朝日新聞が吉田清治という詐欺師の作った話をまるで事実かのように広めてどんどん大きくした」

責任はすべて偽りの報道をした朝日新聞にあるといった。朝日はその前に安倍1次政権を潰した。その因縁を考えれば当然の答えで、星はそれを承知で質問したのだろう。

首相がそういい、第2次政権は粛々と慰安婦問題を検証していき、まず河野談話のいいかげんさが暴き出された。

一方、朝日新聞は星に質問させたことを皮切りに、安倍の2度目の葬式を出す攻勢をかける手筈だったが、その前に衆目の集まる中で問われた「吉田清治」について彼が詐欺師ではないことを証明する義務が生じた。

社長の木村伊量はただちに吉田清治が真実を語る「自虐史観の使徒」であることを証明せよと命じた。

そしたら吉田清治は名や経歴に始まって済州島で軍人10人を使って200人の朝鮮女を連行したことまで、何一つ事実ではないことがわかってきた。

それも知らずに吉田清治の嘘を元に松井やよりの「釜山の女6人を拉致」や植村隆の「ソウルの金学順」など、スピンオフ作品をいくつも作ってきた。申し開きもできなかった。

かくて朝日新聞は星の質問から2年目の夏に吉田清治の嘘を認め、社長の首を差し出した。

日本を貶める嘘を30年も続けたら、普通は廃刊だろうが。しかし、鉄壁だった自虐史観にはじめて穴をあけられた。それで人のいい日本人は朝日の延命を許した。

しかし、朝日新聞は星の今度の記事を見てもあまり改良点は見えない。むしろ公正を装った手の込んだ嘘で反日を語るより、もうストレートに偏向でいこう路線が目に付く。先日の安保法制の報道がそれで反安倍を正面に「徴兵制が敷かれる」風なアジに迷いはない。

神奈川新聞を使って偏向記事

旧臘2日付の「偏り、公平って?」という記事はその偏向路線宣言に見える。内容は朝日より露骨に反安倍の紙面づくりをする神奈川新聞の話。

読者から記事の偏りを指摘された同紙論説委員が「ええ、偏っています」と開き直った。「抑え込まれた閉塞感から」と本人はいうが、日本のテレビも新聞も支那韓国米紙まですべて反安倍なのに何が閉塞感なのか意味がわからない。

それで朝日新聞は己の偏向路線も正しいのではないかと読者に問いかける。

しかし、この記事には朝日らしい隠し事がある。舞台回しに使った神奈川新聞は実は朝日の子会社で、そこには朝日ですら持て余す偏向記者が送り込まれることで知られている。

そんないかれた新聞社を真っ当そうに書く。嘘がばれたので今度は姑息に生きる気か。


（2016年2月号）

朝日新聞の「ふんぞり返り」慰安婦記事訂正は笑止だ

「北朝鮮は地上の楽園」キャンペーンをいい訳したのと同じ手法

大新聞の「威光」に挑んだ産経

新聞は誤報をする。犯人Aと被害者Bをうっかり取り違って「犯人B」とやってしまうようなケースだ。そんな時は訂正し謝罪するのが新聞の形だ。

中には名前の間違いとかでなく、記事まるごと嘘でしたという嘘みたいなケースもある。昭和25年9月、朝日新聞に載った「伊藤律と会見」記事だ。神戸支局の記者が月下の宝塚山で伊藤に会い潜行生活を語らせた。その全文が嘘だった。朝日はお詫びし、記事を削除した。

まだ朝日に善悪の区別がついていたころの話だが、やがてそれが怪しくなる。昭和59年10月の紙面は「日本軍が毒ガスを使った現場」と称して真っ黒な煙もくもくの写真を載せた。藤原彰・一橋大教授が「そうです。これが毒ガスです」とお墨付きをつけていた。

しかし、産経新聞の記者がその写真の原版を知っていた。湖南省の渡河作戦の光景で、もくもくは煙幕だと。

「他紙を誹謗しない」が当時の新聞界のルールで、まして新聞界に君臨する朝日を云々するのは最大のタブーだった。

しかし嘘は許せない。当時デスクだった筆者が「朝日は煙幕を毒ガスと偽って日本を貶めた」とする記事を載せた。

早速、朝日のお偉方が怒鳴り込んできた。産経側は編集担当取締役も編集局長も急に腹痛を起こし、社会部長も急用が出来て姿を消した。

朝日の威光はそれほどだったということだが、いくら脅されても、もう記事になっちゃった。だいたい毒ガスが真っ黒でもくもく天に上ると思う方が間違いだと教えてやった。

「はぐらかし訂正」で乗り切る

検証の結果もその通り。朝日は負けて訂正を出したが、ただ「化学戦の場所が間違いでした」だと。本来は「毒ガスでなく煙幕でした。日本軍を悪く書く編集方針に従い、いい加減な記事を載せました。お詫びします」と書くところだ。

「毒ガスは使った、ただ場所が違った」では訂正にもならない。これが朝日流の「はぐらかし訂正」の最初だった。

その数年後、朝日は「珊瑚を汚したＫＹってだれだ」の見出しで落書きされた沖縄の珊瑚の写真と「日本人の記念碑になる。精神の貧しさの、すさんだ心の…」という日本人誹謗記事を載せた。

これも写真、記事とも嘘だった。カメラマンと記者が組んで自分で珊瑚に落書きし、日本人貶めの記事を添えたことを社長が認め辞任した。

ただ貶め記事を書いた記者は処分なし。毒ガス騒ぎと同じで、日本人をどんな嘘をついて貶めても罪にならないと思っている。

朝日にはこの手の自虐記事が実に多い。例えば松本市の地下大本営設営では「秘密がばれないよう工事に関わった朝鮮人労務者数百人を皆殺しにした」とか「日本軍は支那人炭鉱夫が弱ると煉人炉に生きながら入れて油を取っていた」とかを支那朝鮮人に語らせては掲載してきた。

みな嘘。それがばれるたびにいちいち訂正するのは面倒だし、ほぼ毎日の訂正記事は見栄えも悪い。だからやらない。

嘘記事にも謝罪や訂正はなし

それに替えて、執筆記者自身が記事を審査する編集局内検証システムと、もう一つ「社外有識者」による記事審査委員会による検証方式がスタートした。この有識者が駐支那大使の丹羽宇一郎や「黒人奴隷制をもつ米国こそ民主主義の鑑」という長谷部恭男など自虐趣味の変質者で占められる。

彼らが最初に手掛けたのが「安倍晋三はＮＨＫ番組を改変させた」本田雅和の捏造記事。「謝罪せず、訂正記事は出さず」「記者の左遷だけでいい」という朝日の意向に沿った結論を出した。

２回目は橋下大阪市長を誹謗した週刊朝日の処分。３回目は反原発の嘘記事の審査でいずれも「謝罪、訂正なし」で終わった。

前者の「記者自らの検証」は昭和34年から20年間以上やった「北朝鮮は地上の楽園」キャンペーン問題。

この嘘を信じて、10万人の在日が殺されに北に渡った。それは彼らの勝手として、問題は少なからぬ日本人妻がその巻き添えで殺された点だ。

偽り情報を流し続けて多くのヒトを死なせた責任は重い。朝日はそれを察知して平成16

年7月に「北朝鮮の素顔」特集を組み、「アパートが次々建ち、工場は24時間フル稼働」する地上の楽園ぶりを書いた岩垂弘らが出て、「北がいいか悪いか、判断は難しかった」「裏の素顔が見抜けなかったといわれれば力不足だった」けれど「各社も同じように書いていた」といい訳する。

朝日に踊らされて「マンセー」と叫んで975人が最初の帰還船で帰っていってから25年目の昭和59年、週刊朝日が「北に帰った10万人の絶望」と打った。みんな嘘でしたと。ただ朝日が悪いんじゃない。「犯罪率が高く、生活保護受給者も多い在日の追放を政府が検討していた」という主張を持ち出す。

戦後、吉田茂は徴用の朝鮮人帰還が終わった後、悪い在日の追放をマッカーサーに求めた。嫌がらせの好きな彼は答えをはぐらかした。そういう歴史的事実は省いて、あれは政府主導の在日帰還事業であって、朝日のキャンペーンには責任がないと結論した。訂正も謝罪もましして記者の左遷もない措置だった。

朝日新聞に明るい未来はない

そして10年。安倍晋三が朝日新聞の慰安婦問題について「談話の見直しはしない。でも事実関係の経緯は検証する」と語った。まず石原信雄が談話づくりに韓国との談合があったことを明かした。次いで産経が談話のもとになる慰安婦証言の内容と杜撰さをスクープした。世論は河野洋平の国会喚問を求め始めた。

朝日は己の作った慰安婦の嘘が崩れるのを察知した。では今回はどのいい訳で行こうか考えた。毒ガス方式でいくか有識者会議で逃げるか。

結局、「北は楽園」方式に落ち着き、8月5日に社告を打った。「取材が不十分で」「他社も報じた」がそれ。

これで「読者への説明責任を果たして未来につなげたい」とある。朝日に未来があると思う部分は完全な間違いだ。

（2014年9月号）

朝日新聞の木村社長はゴルバチョフに倣った

産経新聞が報じた慰安婦捏造報道がネットに広がったから

ユーラシアの覇者になるには

アフガンはユーラシア大陸の真ん中にあって、しかも一番高いところにある。

この地に立てば西にイラン、中東を見下ろし、北にロシアを、東にワハン回廊越しに支那の背中に通じ、南を望めばインド、パキスタンが眼下に広がる。

この地を制した者は、そうした国々の死活を制し得ることを意味した。つまりユーラシアの覇者になれる。

というわけで、歴史では何度もこの天空の要衝を巡る争いがあった。

古くはインドだ。北辺の守りを兼ねて何度か侵攻したが、そのたびに失敗した。それを象徴するのがアフガンの脊梁山脈ヒンズークシュだ。意味は「インド人殺し」。インド人に勝利はなかった。

アレクサンダー大王も来たが、すぐ退却した。獲物は名馬ブケノファルスだけ。いまにサラブレッドの名で残る。因みに支那では汗血馬と呼ぶ。

19世紀に入ってロシアと英国が取り合った。世にいうグレート・ゲームで、英国が先んじてカブールの王城バラヒサールに達したが、そこまでだった。

この国には英国の威光は無力だった。よそ者を嫌うアフガン人は抵抗し、英軍は退却を強いられた。雪の中ジャララバードに帰りつけたのは最強を誇った英軍1万5千人のうち、ウィリアム・ブライドン医師ただ1人だった。

英国はこの敗北の教訓から雪の中で目立つ赤い軍服をやめ、アフガン大地の色カーキ色に変えた。赤い軍服はバッキンガム宮殿の衛兵に残るだけとなった。

英国に代わってアフガン奪取を決行したのが、ブレジネフのソ連だった。カブールの共産政権を支援するという口実だったが、狙いはここを握って中東、インド洋を手に入れ、「米国を超える戦略超大国」になることにあった。

ブレジネフも恐れた「残酷さ」

ブレジネフは、もちろんバラヒサールの悲劇を知っていた。ただ彼は東欧諸国を黙らせてきた得意の残酷支配でアフガンも手なずけられると思っていた。

それにソ連には事情もあった。表向きルーブルはドルより強いことにしていたが、民の暮らしはおよそ貧しく、何の自由もなかった。おまけに東側の国々はソ連からの援助にただたかるだけ。それに応える財力はもう底をついていた。

アフガンを取ればそれは一挙に解決できるはずだったが、いざソ連軍が入ってみると予想は外れた。残酷さで彼らはソ連軍に勝り、ソ連は毎年、数千人の死傷者を出し続けた。厭戦気分も手伝い国民の不満はその極に達した。

'85年、書記長になったゴルバチョフはすぐアフガンからの足抜けを始めた。全面撤退を国連安保理に告げ、安全に撤退できるよう国連軍の出動も求めた。

ソ連は過去、安保理で127回もの拒否権を発動した。身勝手に国連の機能を停めてきた国が、今回はわが軍隊を国連で守ってほしいと頭を下げたのだ。

かくてソ連軍は無事撤退できたが、10年に及ぶアフガン侵攻のつけは重く、ゴルバチョフは情報公開（グラスノスチ）を含む改革に加え、ついには「共産主義独裁の放棄」まで断行した。

それでソ連の再興を図ったつもりだったが、逆にソ連は崩壊していった。

朝日が掲載したインチキ写真

英国もソ連も破綻させたアフガン。今は米国が三番目の犠牲者になりつつあるが、その怖さ、強さとは何なのか。

普通の国には政府があって国軍があって、市民がいる。征服するには国軍を倒し、政府が降参しますといえばいい。

しかし、アフガンにはその政府や国軍がない。ここの民はパシュトゥンにタジク、ハザラなど人種も肌の色も違う。彼らは勝手に生き、羊を追い、寒くなれば移動する。定住も服従もないから税金とか国家の概念も持っていない。

ただ彼らはよそ者、とくに非イスラム教徒の勝手は許さない。それぞれの民が罠とか闇討ちとか、それぞれによそ者をやっつける。英軍もソ連軍も何を倒せば勝つのか分からないまま敗れ去った。

ゴルバチョフはそれを知って撤退を決めたが、そんな彼を朝日新聞の木村伊量に重ねる見方がある。

彼はソ連の拠り所の共産主義独裁までやめて生き残ろうとした。

木村伊量もまた、朝日新聞の拠り所だった反日捏造報道をやめて、生き残りを図ろうとしている。

似ている点は他にもある。ソ連は経験では推し測れなかったアフガンに嵌って解体へ進んだ。朝日も同じ推し測れない敵があったという見方だ。

根拠は朝日の過去の〝反省〟の仕方だ。朝日は'80年代に「これが毒ガス作戦だ」とインチキ写真を載せた。

産経新聞がそれは煙幕だと、反日捏造報道を指摘した。

嘘はばれたが、相手は影響力の小さい産経だ、白々と「化学戦の場所が違った」と的外れの訂正でごまかし、それで逃げ切ってしまった。

'90年代、産経は慰安婦問題で秦郁彦の検証を載せ、金学順が母に40円で売られた事実も載せて朝日の捏造報道を指弾したが、朝日はここでもとぼけ通した。

船橋元主筆が言い放った傲慢

それから20年、産経は昔と同じ部数のまま16人の慰安婦の証言を暴いた。昔と同じ形だが、朝日が頭を下げて吉田清治の嘘を素直に認めた。

一体どこが違ったのか。それは産経の提供した情報がネットに広がり、巨大な効果をもたらしたからだ。

「新聞は情報を独占し、勝手に取捨し、醜く加工し、民に下してきた」とトーマス・ジェファーソンがいった。

朝日が勝手に加工して白を黒にしても、ネットという過去になかった存在が白は白だったと伝え出した。

朝日の主筆・船橋洋一氏は'07年の「ジャーナリズム再興」で「ネットの挑戦をどうするか」と自問し、「朝日の力で取り込めばいい」と傲慢にいい放った。

それはブレジネフの驕りに共通する。おかげ様で日本の宿痾が滅び始めた。ソ連と同様に、解体を期待したい。


（2014年11月号）

朝日新聞がいまも続ける思い込みと先入観報道

「反原発」記事の不勉強と「支那」を懸命に庇う社説の誤りを斬る

孫正義の「太陽光発電」を応援

詐話師吉田清治を利用して30年間も慰安婦の嘘を世界に撒き散らした朝日新聞。図に乗って「東電福島で職員が大脱走」の大嘘も重ねてとうとう悪運も尽き、木村伊量の首が飛んだのは平成26年の暮れのことだった。

代わって社長になった渡辺雅隆は、ごく殊勝っぽく「皆様の声に耳を傾け続けます」と'14年12月27日付の1面で語った。

いままで朝日がやらなかったこと、つまり「思い込みや先入観」で記事を書くことをやめて「公正で正確な取材を重ね」「異論や反論を含め多様な視点、意見を取り上げていく」と誓った。

記者会見まで開いての御託並べだ、恭順の意を表してまあ1週間くらいは「思い込みや先入観」なしの「多様な視点」で新聞をつくるのかと思ったら、それが大違いだった。同じ日の中面の社説もいかに反省したかを縷々述べ立てていたが、その対抗面にでかでかと編集委員上田俊英の署名入りコラムが載っていた。タイトルは「原発優先・新手の空押さえを見逃すな」

菅直人と在日の孫正義が組んで始めた太陽光発電。しかし電力会社はそれを見ぬふりをして原発再稼働を当てにし、監督するはずの経産省の作業部会も太陽光を邪魔者扱いしている。孫が損するじゃないかといった趣旨だ。

「その見え透いた一例」が再処理核燃料「フルＭＯＸ」を使う大間原発だと上田はいう。

渡辺新社長も「傲慢な朝日」だ

大間原発は例の知恵遅れ集団、原子力規制委が稼働も認めていない。おまけにフルＭＯＸも「ドイツがやろうとして諦めた」曰くつきの燃料だ。つまり「稼働するかどうかも分からない大間が発電することにして孫の太陽光を締め出そうとしている」のだと断じる。

一読して上田は「原発はダメで太陽光は正しい」という「思い込み」で記事を書いていることがわかる。「ドイツが諦めたフルＭＯＸ」を挙げるが、ドイツがダメだから日本もダメというのも「白人は偉い」の「思い込み」だろう。

だいたいJR東海の超伝導リニアは、ドイツのメッサーシュミットもやっていて向こうが諦めたものだ。

洋服ダンスほどのサイズだったクオーツを腕時計に入れる小型化もドイツがダメで精工舎が成功し、精工舎はその特許を世界に無料公開した。

卑屈なうえに不勉強な記者は結局、思い込みと先入観でしか記事を書けない。これはそのいい見本だろう。

渡辺も渡辺だ。同じ日付の紙面に自分の発言を無視する記事をなぜ許したのか。「いやあれは口先だけ」といわんばかりの対応だ。実際、その後の紙面は昔のまま、傲慢な朝日でしかない。

まず戦後70周年を語る年明けの社説はのっけから「安倍首相は歴代首相が表明してきたアジアへの加害責任に触れなかった」批判で始めている。

しかし「アジアへの加害」って何のことだ。日本は先の戦争でアジア諸国と戦ってはいない。アジアを植民地にして暴政を敷いていた欧米諸国と戦った。

支那人は「村上春樹も読む」?!

例えばフランスは仏印で10歳児にまで人頭税をかけ、葬式も税金を取り、村ごとに阿片専売所を置いて儲けていた。

オランダはインドネシアの石油をただ取りし、強制栽培を強い、餓死者まで出した。米国はフィリピンを植民地にして抵抗する者40万人を殺した。

こういうのを「加害」という。日本はそういう悪い欧米列強と戦った。何をもって日本がアジアに加害したというのか。「多様な視点」を排除し、自虐史観という「先入観」で記事を書いている。

いや支那を侵略したじゃないかと松のとれた'15年1月8日付社説はいう。その「侵略戦争への贖罪意識」から「政府も民間も支那への支援を惜しまなかった」のに、いま「支那に親近感を持たない人が8割を超えた」のはよろしくないと続く。

だいたいその書き方がおかしい。「支那に親近感を持たない」なんて書かずに単に「支那が嫌い」となぜ書かない。それに「侵略戦争への贖罪」って何だ。

支那人の国は秦の始皇帝の昔からずっと万里の長城の内側だけだった。それを領土欲に目がくらんだ支那人が満州もウイグルもオレのものと勝手にいい出した。

日本人なら馬鹿をいうなと諭すところなのに、朝日は「その通り、日本は支那の固有の領土の満州を侵略しました」といってきた。渡辺のいう「多様な視点」はここでも忘れられている。

社説はさらに支那人は「村上春樹も読む」いい人みたいに書くが、彼らを「公正で正確な取材」したことがあるのか。

支那人を正確に取材すれば酸鼻を極めた済南、通州事件を素通りできない。前者の事件では24歳の女性が犯されたあと性器に棒を突っ込まれ、腹を割かれ、両の腕も切り落とされて殺された。

あまりに残酷ゆえ日本では検屍写真は公表されなかったが、支那人はそれをいいことに「残虐日本軍731部隊の生体解剖」の図として教科書に載せて反日の材料に使っている。それが支那人だ。

朝日を読んでたら命も危うい

彼らの残忍さも変わっていない。'03年に起きた福岡の一家4人殺しでは支那人留学生3人が8歳の長女を誰が殺すかを決めるため40歳の母に凌遅刑をやっている。順にナイフで肉を削ぎ取っていく残酷刑で、自分の順のときに死なしてしまった男が罰として長女を殺している。

そんな残忍な連中を当時の朝日は「実家は裕福で教育も行き届いていた」「ほんの出来心だった」とかばい続けた。

なぜなら「反支那論は彼らのナショナリズムを刺激してこちらに跳ね返る」だけだから、やめろと社説は説く。

それは違う。「支那人が残忍」と書くのは日本人にどこに危険があるかを知らせる正しいニュースであって反支那論ではない。

支那は日本人が付き合うのも出かけていくのもまだ危険なところだ。反省のない朝日を読んでたら命も危うくする。

（2015年2月号）

第2章

困った隣人・金正恩＆文在寅を相手にするな

朝日新聞が〝忖度〟する朝鮮半島「統一」の願い

巻き添えミサイルが間もなく飛んで来ようとしているのに！

米国が真珠湾攻撃を仕向けた

金正恩は「米国の老いぼれた狂人を必ず火で制する」（'17年年6月）といった。この正月にも「米本土全域が我々の核攻撃の射程内にあり、核のボタンは私の机の上に常にある」といった。

その悪態を流す北朝鮮のテレビは、ニューヨークに核爆弾が落ちて火の海になる映像を流した。

トランプをさんざ罵っても、米紙はトランプこそ揶揄すれ、北の侮りは全く無視しているように見える。米国の来し方を見れば、それは信じられない対応だ。

米国は過去、自分の裏庭のちっぽけな島国グレナダで気に食わない男が政権を取っただけで米軍が本気で叩き潰しにいった。パナマも同じ。指導者のノリエガを捕らえて米国の監獄に長い間ぶち込んだ。やり方は習近平の支那と同じだった。

いや、相手が小さい国だからそういう勝手ができたのだというなら日本の場合はどうだったか。フランクリン・ルーズベルト（FDR）はニューディール政策が破綻し、国内経済の立て直しは「もはや参戦しかない」（渡辺惣樹『フーバー回顧録・裏切られた自由』）と考えた。

FDRはそのきっかけ作りだけのために日本を挑発した。日本など彼らにとっては目障りな黄色い国でしかなかった。真珠湾を攻撃させて「あとは3か月で叩き潰す」（同）はずだった。

近衛文麿は金正恩みたいに罵詈を一言もいわなかった。腰を低くして丸1年も首脳会談を懇請したが、FDRは一切聞く耳持たなかった。その揚げ句がハル・ノートだった。

騙すことを躊躇わないDNA

そういう歴史を見ればミサイルをぶっ放し、核実験を繰り返し、ICBMの大気圏再突入実験までやりながらの北朝鮮の暴言に何の反応もしない米紙の対応は理解を超える。

一方、北はトランプの言葉に本気を感じ取り、臆病風に吹かれて「非核化は先代の遺訓」とかいいだし、トランプも米朝首脳会談に応じた。核付きの北朝鮮を許すかのような雰囲気も漂う。

この展開も米国人のＤＮＡに悖る。だいたい彼らの性格はＦＤＲが象徴する。人を騙すことに躊躇わず、残忍で、かつ白人優越主義に凝り固まる。白人以外をヒトとも思わない。だから新大陸に入るとすぐインディアンを殺し始めて領土を広げていった。マルクスもそれを認める。「この国に行けばそこには広い土地が広がる。人々は好きに耕す農地を持ち、プロレタリアートにならずに済む」と。そこに住むインディアンなど畑に穴を開けるプレーリードッグと同じ。駆除の対象でしかなかった。そして太平洋に出るとハワイの原住民を騙して国を乗っ取り、フィリピンでは100万人を殺して植民地にした。

黄色い日本人に原爆を落として恥じないのもそういう心根があるからだ。

「明日にも和解」から一転する

米国人が北朝鮮にどう対応するかはその歴史が教えてくれる。北朝鮮が米大陸まで届くＩＣＢＭとそれに搭載する核爆弾を手に入れようとしている。武力で止めようとすれば報復でソウルが火の海になり韓国人が何万も死んでしまう。

そんなことを米国人が配慮するはずもない。

黄色い人間がソウルで何万人死のうが気にもしない。日本だって同じことだ。巻き添えで何万も被害が出ようが、お構いなしだ。

おまけに北朝鮮は過去、何度も非核を約束し、何度も破った。'90年代には非核を誓って軽水炉と石油を貰いながら平気で裏切った。時の国務長官オルブライトは「Rogue（ならず者）」と罵っている。

日米の新聞は暢気に構えるが、日本の中枢部では「明日にも和解が」という段階で（北朝鮮の核とミサイルの関連施設を叩く）鼻血作戦が実行されると見る。

そんな折も折、朝日新聞のコラム「社説余滴」に論説委員中野晃の「在日の願い忘れていないか」が載った。

中身がひどい。まず済州島の歴史が語られる。朝鮮戦争前に李承晩が軍を出して容共派の「島民3万人を殺した。島の民は海を渡って日本に逃げ、大阪の猪飼野にきた」

彼らは棲みつき南北の対立や融和にその都度、一喜一憂している。今度の米国も巻き込んだ和解ムードには多くを期待するが、日本では「（北朝鮮の微笑に）惑わされるなと突き放す論評が多くみられる」と中野論説委員は嘆く。「統一を夢見る在日の人々の願い」を日本人が見落としていないか、という。

こういう木だけを見させて故意に森を見させない記事が朝日新聞の特徴だ。意図して日本人を騙そうとする。

済州島から逃げてきた韓国人は20万人に上る。彼らは自国の不都合で逃げ出した。ＥＵに来るリビアの難民と一緒だ。日本から見れば不法入国者だが、日本は受け入れてやった。その視点がない。

敗戦後の窮乏時代、日本人が入れてやったことへの感謝の気持ちもない。

猪飼野の説明もヘンだ。戦前、済州島からここまで定期船が運航されていた。内鮮一体のときで彼らはそこに勝手に棲みついた。そして戦後。彼らは戦勝国の一員だといいだし、国鉄や私鉄の切符を勝手に刷ってただ乗りしていた。

日本は不法入国者に生活保護

アジアを植民地支配した白人国家と戦い、ついに敗れた日本人は貧しさのどん底にいた。それでも戦争で働き手を失った家庭のために貧しい国庫から生活保護を支給した。在日はそれを俺たちにも出せと役所を襲って無理を通した。

そんな人たちがいま、祖国をどう思うかは日本人は与り知らぬことだ。

中野論説委員は「引き裂かれた祖国の平和を望み、統一を夢見る在日の人々の願い」を日本人は忖度しろという。

しかし我々には「ならば祖国に戻り統一のために汗を流せば」としかいえない。それが祖国愛というものだと。

巻き添えミサイルが間もなく飛んで来ようというときに、申し訳ないがそれ以上、忖度する暇はない。

（2018年4月号）

金正恩&文在寅という「隣人」を相手にするな

朝日新聞はあくまで「話し合いを繰り返せ」といい続けるが

隣人とは「最も嫌な奴」のこと

エジプトから脱出したモーゼはシナイ山で神から「汝、人を殺すなかれ」以下の十戒を賜る。ユダヤ人はまだ人を殺すことが悪いとは知らなかった頃の話だ。

神の戒めの多くは「隣人」についてだった。汝は隣人の妻によこしまな気持ちをもつな、隣人を罪に落とそうと思うな、隣人の財産を取るなといった具合だ。

日本人は和を以て貴しとしてきたから隣人も身内みたいに思う人も多い。

しかしそれは世界の通念ではない。世界では隣人は「最も嫌な奴」を意味する。

亭主が出世すればその隣家の妻は妬みに狂い、不甲斐ない亭主をなじる。亭主は亭主で隣の芝生も隣の奥さんもやたらきれいに見えてしょうがない。「隣人の妻によこしまな気持ちを持つな」は十戒の中でも重要度は高い。

イエスは「汝の隣人を愛せ」という。これも隣人の妻のことではなく、一番嫌な奴でも愛せるようになりなさいという意味なのだ。

不倫が文化でもある日本人にはこの隣人観は分かりにくいが、さてこれが日本にとっての隣人、つまり隣の国となると、日本人的感覚ではだめ。とくに慰安婦の嘘をまだ騒ぐ韓国やその片割れの北朝鮮には、キリスト教徒的隣人観を持って対応しなければならない。

大体あの二つの国はおかしい。同じように国際政治力学で分断を強いられた国は多い。しかし民族の血はそういう圧力すら撥ね除ける。ベトナムでは30年も戦い続けて統一を果たしたし、ドイツも冷戦構造を自らの手で壊し、ソ連を崩壊に追い込んで統合を果たしている。

ところが朝鮮だけは違う。少なくとも冷戦が過去になったあと、つまり分断に誰も関心も必要も認めなくなったあとも民族の血は一向に騒がない。

統一するよりはむしろ分断を楽しんでいるように見える。

檀君神話で始まる不思議の国

今度、文在寅が出た。北に誼がある。そんな男を韓国民が選んだ。民族の血が騒いだというなら結構なことだ。それで統一したければすればいいが、その辺がちっとも煮え切らない。

北朝鮮はそれに輪をかけておかしい。今はミサイルをぼかぼか撃ってカールビンソンを鉄屑にするの、日本も火の海にするの、ほとんど狂乱状態だ。

こういう異様な隣人に対処するには彼らの性状、性向を知ることから始めなければならない。

この国を古田博司・筑波大大学院教授は渡り廊下の国という。文明も文化もとどまらない。放っておけば退行するだけの国という。つまり歴史や伝統はない。

いま、彼らのいう歴史は檀君神話で始まる。13世紀、一然という僧侶が地方の説話を集めた。柳田国男みたいなことをやった。その説話の中に神の子が白頭山に降臨した話がある。山には雄の虎と牝熊の夫婦がいて、神の子は亭主虎を追い出し、熊を妻として産ませたのが朝鮮の開祖、檀君になる。

歴史と文化の差が国民性にも

檀君は平壌に都を置き1千8百歳まで生きて半島を統治した。紀元前4世紀、周の軍勢が攻めてきて檀君は山に逃げ込んで神になるというような話だ。

この説話がそのまま正式の国史とされ、学校で教えられている。

額面のままいえば支那5千年に対し朝鮮は4千年の歴史を誇る。支那に次ぐ偉い国だといいたいらしい。

日本は説話に頼らずとも8世紀には古事記、日本書紀が書かれ、11世紀にかけて大鏡以下の四鏡がそろう。檀君が生まれたころにはもう火焔土器が普及し、さらに1万6千年前の土器も青森蟹田町遺跡で見つかっている。日本にはそんな時代からの歴史も文化もあった。

その差が国民性にも現れる。あの国の民の激しやすいのは言語の希薄さにあるといわれる。文化の未熟さもあって儒教とともに入った漢字に憑かれる。早々に自分たちの言葉（朝鮮古語）を捨て、泣くのも「哀号」と漢字で泣き、ありがとうも「感謝」で語る。漢字で語れない情感は捨てられ、語彙不足は感情を爆発させることで補っていった。

その結果、「地球上にこんなところが残っていたことを恥じる」（W・グレブスト）ほどの残忍な国民性が生まれた。

それに一党独裁が重なった北朝鮮は、その残忍さがそのまま国家政策となって表に出た。金正日は韓国を憎んでラングーンで全斗煥の暗殺（未遂）を図り、大韓機を爆破（'87年）した。

彼の狂気は日本にも及び、'70年代に横田めぐみちゃんら17人を拉致したほか少なくともその数倍の日本人を拉致、もしくは殺害している。

その狂気は息子正恩にも引き継がれて兄正男をクアラルンプールで公開暗殺し、国内では張成沢派を残忍に処刑した。

そして今、日本にミサイルを向ける。韓国軍を釜山に追い詰めた北が敗れたのは国連軍の仁川逆上陸のせいだが、それを献策したのが旧日本軍参謀だった。だから日本を火の海にするのだという。

めぐみちゃんは帰ってこない

こういう国にどう対応するのか。朝日新聞は「明日にでも軍事衝突が起きるような報道は控えよ」（社説余滴）、「交渉による緊張緩和を探れ」（社説）とひたすら平和的話し合いを勧める。

では過去、どんな話し合いがあったか。金賢姫の証言でめぐみちゃんと李恩恵の生存が分かったときの会談を朝日はこう書いている。「前の会談では李恩恵の名が出ただけで北の代表は席を蹴って会談は決裂したが、今回は（日本側の話を聞いたうえで）突っぱねてきた」「誠意を評価できる」（'02年8月20日付）

それから15年経ってめぐみちゃんは帰ってきてはいない。そんな隣人相手に話し合いをまた繰り返せと朝日はいう。

そうすると狂気の隣人は今度こそそういうことを聞いてミサイルを廃棄すると本気で思っているのだろうか。

たまには横田夫妻に胸を張って読んでくださいといえる記事を書いてみろ。

（２０１７年７月号）

日本の核武装を認めない米国人は銃規制に動かず

日本に2発の原爆を落とした米国は核報復を恐れている

DNAに組み込まれた銃文化

ラスベガスのホテル最上階に泊まった白人客が、眼下の野外音楽会に集まった人たちを乱射して58人を殺した。

米国では昨年もフロリダでアフガン系のイスラム教徒がゲイバーで49人を殺し、その前にはヴァージニア工科大キャンパスで韓国人学生趙承煕《チョスンヒ》が銃を乱射して32人を殺している。

趙は犯行前にNBCに動画を送っていて、動機は誰にも相手にされなかったひがみだといっている。「恨」が国民性の彼は、銃がたまたま自由になる米国だから銃で八つ当たりしましたというわけだ。

フロリダの犯人もイスラム教徒だからというより家では女房を殴り、世間にも当たり散らす人格障害者で、たまたま男同士がキスするのを見て腹を立てた、ということらしい。

今回のラスベガスも、おそらくはその手の鬱屈が引き金だったと思われる。

そういう事件が起こるたびに語られるのが銃の規制だ。

それに対し白い米国人は必ず「これは憲法修正2条で保証された権利なのだ」といい返す。京大教授ナンシー・スノーはもう一歩進め「銃はもはや我々米国人のDNAに組み込まれた存在」と語る。

この権利は民主主義の聖地、米国の市民が定めた崇高な「権利の章典」の一つだ。よそからがたがた批判がましくいうのは失敬じゃないかといっている。

しかし日本人にはとても奇異に見える。だいたい国家とは、トーマス・ホッブスのいう「万人の万人に対する闘争」をやめ、自然権を国家に委ね、治安を任せた形をいう。ルソーも同じことをいう。

それを米国は逆に闘争の手段となる武器を国民に留保させ、それを恥ずかしげもなく憲法に権利として書き込んだ。

日本では秀吉が天下を統一するとすぐ刀狩りをした。雑賀衆は本来の百姓に戻して田圃に戻らせた。高野山の坊主も寺で経を読ませた。それが国家の形だ。

奴隷の歯を抜いたワシントン

米国は騎兵隊を持ちシェリフを置きながら、なぜ刀狩りができなかったのか。

それは米国の特殊な事情があったからだ。彼らは独立後も黒人奴隷を鞭で酷使していた。初代大統領ジョージ・ワシントンはヴァージニア州マウントバーノンに400人の奴隷を働かせ、自分の歯の具合が悪くなると、奴隷を選んで健康な歯を引き抜いて総入れ歯を作っていた。

西部では白人がインディアンを殺して自分の土地にしていた。ケンタッキーに入ったリンカーンの祖父はインディアンから奪った土地で畑作業をしているときにインディアンに殺された。父がそれを目撃し、孫にその憎しみを吹き込んだ。

実際リンカーンは、南北戦争さ中の１８６２年8月に黒人奴隷解放宣言文を出した同じ日に、ミネソタのスー族を絶滅するよう陸軍に命じている。

黒人には自由と幸福追求の権利を与えたが、インディアンには生きる権利すら与えなかった。同じ年の12月26日、リンカーンはミネソタ州マンカトで降伏したスー族の部族長39人を見せしめのために集団同時処刑させた。

悪業を積んだ米国人の業とは

黒人奴隷の解放は少なくとも1865年、米国憲法修正第13条が可決されて決着するが、インディアン殲滅の歴史はその後も続き、1914年の第一次大戦直前、ヤキ族殲滅でやっと終わっている。

つまり米市民は常に殺す側に立ってきた。もし刀狩りをやって彼らから武器を取り上げたら、その日に黒人奴隷に襲われ、彼らがやられたように鼻を削がれ、指を切り落とされて木に吊るされ焼き殺されただろう。

西部でも同じ。インディアンが自分たちの土地を取り返し、米国は昔の東部13州にまで追い返されるだろう。

悪行を積んだ米国人はそれが怖くて刀狩りができない。決して米国人のDNAのせいではなく過去の業のせいなのだ。

そういう考え方の根底にあるのは「悪いことをすれば必ず報復される」ということだ。実は「悪いことをする」性格が米国人のDNAにある。実際、彼らの歴史をみても悪いことしかしなかった。だから常に報復されることを考えてきた。

報復を避けるには自分が武装し、相手の力を徹底的に削ぐことに尽きる。

19世紀、太平洋に出た彼らはインディアンと同種の日本人の存在を知った。彼らは自分のDNAに従い、日本にさんざ悪いことをした。

日本人の人種平等案を潰し、支那人をけし掛けて日支事変を起こさせ、挙句は米国がじかに戦争を吹っ掛けて原爆を落とした。

戦後は日本が報復できないよう軍隊を取り上げ、自衛戦争もやらせないように交戦権も放棄させた憲法を押し付けた。さらに日本人を米軍基地が監視する「四つの島」に閉じ込めた。

米国は日本さえ封じ込めれば、第三世界に白人支配を脅かす国はないと思ってきた。だから戦後もずっと日本に干渉を続けた。

日本を貶めるために朝鮮、支那も使った。李承晩ラインや竹島乗っ取り、北朝鮮の拉致など主権侵害をやらせても、日本は自衛もできなかった。

しかし北朝鮮の核が現実の脅威になったいま、従来の「日本を抑えれば安泰」政策が大きな過ちだと悟らされた。

「日本の処遇」を見直すトランプ

そんなときトランプが出てきた。日本製肘《せいちゅう》という従来の政策に固執し、結果的に支那を増長させ、北朝鮮の核暴走を許したクリントンとオバマをトランプは厳しく非難し、封じ込めてきた日本の処遇も考え直していると伝えられる。

いまは北朝鮮を抑えるための日本の役割を認める方向にある。

ただ通常の「戦える自衛権」は認めながら米国務省に近いケント・ギルバートは「核武装は許さない」と断固いう。

なぜか。理屈は米国人が銃規制に動かないのと同じ。彼らは日本に2発の核を落とした。日本は2発の核報復の権利を留保していると彼らは考えるからだ。

核はともかく、まず普通の国に戻ろう。

（2017年11月号）

小池百合子都知事よ 変な外国人を増やすな

白人が好きで「英語教育を東京のレガシーに」といい出したが

銀座で見かけた「ひよこ狩り」

仲間の寄り合いがあって久しぶりに銀座に行った。

行き先は銀座7丁目のなんたらいう小料理屋。昔、その近辺に出没していたから、地図を見るまでもない。旧電通通りから、日航ホテルの脇を折れてと思ったら、街の景色がすっかり変わっていた。

朧の記憶に従って松坂屋の方に向かっていて、そういえばその辺に昔、通ったバーがあったのを思い出した。

半地下の店の重そうなドアを開けると左手がバーカウンターで、エスポワール出身のママが嫣然《えんぜん》、微笑みかけてきた。

元の亭主は出版業界の大物で、そんな絡みで文壇関係者から漫画家、それにあの三浦和義も通ってきていた。

三浦は酒が飲めない。それでも通ったのはママ目当てで「もしかしたら白石千鶴子の前に殺されていたかも」とずっと後に語っていた。

その店を探したが、建物自体がなくなっていた。あの頃のちょっと艶っぽい雰囲気も消え、代わりに街を埋めていたのが上海辺りの臭気と耳障りな外国語の洪水だった。黄色も黒も白も、それが勝手な速さでそこらを動き回っていた。

そんな中、一目で米国人と分かる若者が3人、憚るでなし"Let's pick chicks up"といって歩き出した。「女を引っ掛けようぜ」ほどの意味で、彼らの歩いていく先に若い日本人女性が3人。すぐ白人男と合流したのには随分驚いた。

この「ひよこ狩り」は耳をすませばどの盛り場でも聞くことができる。

日本女性を貶めたパール・バック

前にジュリアン・ブランクという米国人の若造が「日本女はやり放題」「女の顔を股間に押し付ければいい」と講演していた。

日本女が白人に弱いのは別に彼の発見でも何でもない。そんなのは100年も前から富士山より有名だった。

ジョン・ルーサー・ロングは日本で暮らした姉から「日本女は白人なら誰でも転ぶ」「引き際を知る都合のいい女」と聞いた。彼は日本に来てそれを確かめ「蝶々夫人」を書いた。蝶々夫人は米国人ピンカートンと結婚し息子ドローレを生むが、男は逃げる。数年後、男は白人女ケートと結婚して日本に戻り、息子を連れ去る。蝶々は自害して果てる。

プッチーニがオペラにしたが、あまりに男に都合がよすぎる、信じがたいと初演は不評だった。

この「白人男に都合いい日本人女」を決定的に広めたのがパール・バックだ。彼女は1928年の南京事件で支那人暴徒に殺されかけ、雲仙に療養にきていた。その徒然《つれづれ》に「アメラジアン」シリーズを書き始めた。この言葉はピンカートンが生ませたドローレのような米国人とアジア人の混血児という意味だ。

パール・バックはシリーズで様々なアジア女を登場させた。例えば朝鮮女。

妻子を捨てて逃げて米国に戻った男のもとにある日突然、吊り目の息子が訪ねてきて男の生活は一挙に破綻する。

日本女性も出てくるが、女性の家族が白人男を敬遠し、結局、男はあと腐れなく米国に戻っていくという筋。「犯すなら日本女性に限る」という実用手引書になっている。

「横文字信奉者」の小池都知事

そういう歴史があるから、取り柄は英語が話せるだけという屑米国人が日本にやってくる風潮が生まれた。

アマースト大の劣等生ジョン・ダワーもその一人で、金沢の女子短大で英語を教え、遊び回っていて日本批判をやると日本人が喜ぶのを知る。で、戦時中の米軍のプロパガンダを集めて書き並べた『敗北を抱きしめて』を出したら、これが当たって、ついにはピュリッツァー賞までもらえた。

同じく英語しか喋れないバラク・クシュナーは駅前の英語塾でアルバイトしてさんざ遊んだあと支那に渡ってその筋の眼鏡にかなう。「顧若鵬」の名を貰って支那のお抱え学者になり、日本の悪口を次々発表した。おかげでいまやケンブリッジ大准教授になっている。

日本は世界で唯一、英語がなくても最高の文化と学術が手に入る。なぜなら日本人がその最高水準の学術と文化を生み出しているからだ。

だから支那みたいな後進国と違って英語もそう必要性はない。まして単にセックスのために来る「ジュリアン・ブランク」族など叩き出したいところだが、そう思わない横文字信奉者が出てきた。小池百合子都知事だ。

彼女は昔から白人大好きで、とりわけ英語とアラビア語が自慢という。その才媛が曰くに「英語教育を東京のレガシーにしたい」（産経新聞）と。

レガシー（legacy）とは遺産の意味だが、いいたいことは次世代に残せる教育的伝統みたいなことだろう。

東京都民はみんな英語を話せる、外人に優しい国際都市にしたい、ということらしい。

しかし国際化とは相手国の文化を尊重する気持ちがその出発点だ。だから泥棒や強盗目的で来る支那、朝鮮人を除けば日本に来る外国人は、むしろ日本語に親しもうとしていると見るべきだろう。

「何でも英語」は植民地根性だ

デーブ・スペクターほどでないまでも言葉を含めて日本文化を敬愛する外国人は多い。それを「何でも英語で対応」は単に植民地根性でしかない。

まあ、それは措《お》いて、彼女はそのレガシーのための計画というのが「高校の生きた英語教育のために指導助手を400人に倍増したい」という。ジュリアン・ブランクをもう400人入れるという。

国は愚かにも「小学校から英語を正式授業に」を3年後から実施する。そんなの駅前英語塾でやればいい。都はそれを2年も前倒しにして来年からやる気で、そのために高校とは別に小中学校向けに別のジュリアン・ブランクを入れていくと彼女はいう。

横文字でしゃべる都知事は、傍から見れば滑稽でしかない。その辺をまず理解し、そのうえで税金を使ってまでヘンな外国人の導入はやめてほしい。蝶々夫人の悲劇はもういらない。

（2017年6月号）

江戸川で牡蠣の身を毟《むし》るマナー知らずの支那人へ

理非の分からない連中に礼をもって接するのは愚かである

造船の町がソ連圏に組み込まれ

独仏国境のヴォージュ山脈にあるアルザス地方はその昔からドイツとフランスが取り合って、戦争のたびにその領有権が独仏を行ったり来たりした。

アルザスの少年フランツが遅刻した教室ではフランス語の「最後の授業」（アルフォンス・ドーデ）が行われていた。普仏戦争で仏が負け、明日からここが独領になるからだが、ただフランツも住民もみな独語を喋っていた。仏語教師だけが悲しい思いをしていただけだった。

この前の戦争では独が負けた。それでアルザスは再び仏領になったが、中心都市のストラスブールも独語読みのストラスブルクの方が馴染み深い世代がまだ残っている。隣のロレーヌ地方もロートリンゲンの方が感じは出る。

ポーランドの海岸線にあるグダンスクも似たようなもので、独とポーランドの間で取ったり取られたりしてきた。独領時代の名はダンツィヒ。住民はポーランド人とドイツ人が混在していたが、ヒトラーのとき、ポーランド人市民はみな強制収容所に入れられるか森に連れ込まれて殺された。

戦後はその逆。ドイツ人市民が狩り出されて独本国に送り返された。

そんなわけで人間は入れ代わり立ち代わりしたが、この港町が造船の町であることはいつの時代も変わりなかった。

尤《もっと》も第二次大戦後はソ連圏に組み込まれ、造船所にレーニンの名が冠せられてからは造られた船の品質はがた落ちした。共産主義は造船には似合わなかった。

1970年に進水した1万3千《トン》のタンカー、ナホトカ号もいかにも共産主義製らしい船だった。

1997年1月、このタンカーは重油を満載して上海からペトロパブロフスクに向かったが、日本海の荒波は粗悪タンカーにはちょっと荷が重すぎた。

1月2日、15《メートル》の高波を受けた途端、タンカーは船体中央部がぽっきり折れてしまった。

乗員からは礼も詫びもなく

海上保安庁の巡視船が出て31人の乗員を助けたが、メル・ニコブ・バレリー船長は退船を断り、タンカーとともに荒れる海に没していった。

折れた船体後部から6千300トンの重油が流れ出し、さらに3千トンの重油を腹に抱えたままの船首部分が東尋坊方向に漂流し始めた。

ドラム缶にして3万本分の重油が浜辺に漂着したら、重油被膜によって貝類も魚も海鳥も全滅してしまうだろう。

延べ30万人の日本人がボランティアとなって凍てつく冬の海に入り、漂着する重油を柄《ひ》杓《しゃく》で汲み取り、バケツリレーして岸のドラム缶に注ぎ込んだ。海の掃除は2か月続いた。

船首部分も確保し、油を抜き取って被害を最小に食い止めたが、それでも海産物を含め350億円の損害を出した。

一方、災いをもたらした31人のタンカー乗員は救われた礼も述べず、重油被害も詫びず。新潟空港からアエロフロート機でロシアに逃げ帰ってしまった。

重油被害は通常、保険でカバーされるか、船主の責任となるが、船はロシア船で保険にも入っていなかった。

荷主は支那人だから「責任」なんて言葉も知らない。損害はほとんど補償されることもなかった。船と沈んだ船長だけが妙に浮き立った結末だった。

乗員に責任を取らせる米国流

この少し前、米カリフォルニア州オクスナードの沖で小型タンカーが座礁した。ナホトカ号のときと同じように沿岸警備隊が出て、乗員を救助した。

しかしそこから接遇は違った。乗員は身柄を確保され、重油が漂着すると、その除去を彼ら自身にやらせた。彼らの行いとその結果についてきっちり責任を取らせるというわけだ。因みに米国では、重油漂着では陸海空軍などから出る古毛布を使う。重油をものすごく吸着するらしい。

日本もナホトカ号の乗員に除去作業を徹底して手伝わせるべきだった。

市川市を流れる江戸川放水路は東京湾に流れ込む川の中ではきれいな方の一つだ。汚れが少ないのは両岸をびっしり埋める牡蠣の水質浄化作用と思われる。

その牡蠣に支那人が目を付けた。彼らには川とゴミ捨て場は同義語だ。透明度はゼロ。汚泥と重金属と動物の死体も含む。川の水はスライムと化している。

だから支那人は日本の川を見て、それを彼らの知る川とは認識できなかった。そこに支那では党幹部しか食えない牡蠣の山を見た。彼らはそれを採り始めた。

日本はトイレまで綺麗だ。それで支那人にはタブーの川の生き物を食う気になったという説もあるが、それにしては採る量がべらぼうに多い。

彼らは毎日、群れを成してきて牡蠣を剥がし、身を取り、殻を捨てていく。それを繰り返して、いまは河川敷に100トンの牡蠣殻の山が築かれた。

採りに来る支那人に注意をするが、彼らは日本語が分からないふりをしてキロ単位の牡蠣の身を持ち帰る。

牡蠣殻掃除はボランティアが

みんなで食うには多すぎる。支那人らしくどこかの料理屋に品質を偽って売っているというのが正解だろう。段ボールからハンバーグを作り出す民だ、何をしているかホントに不気味だ。

そんな支那人の勝手でできた牡蠣殻の山でいま、子供たちの怪我が絶えない。

で、地元の人たちがボランティアに出て、30トンの牡蠣殻をやっと片づけたと千葉日報紙が伝えていた。

日本人が片づけるのを見れば支那人たちも反省してきれいにする気になるのでは、という談話がついていたが、支那人にそんな思いが毛ほどもあれば100トンの山などもともとできるはずもない。

彼らだけではない。朝鮮人も日本に近代化の道標とその道まで作ってもらったのに、感謝も忘れて「七奪」とか嘘を振り撒いて恥じない。

理非の分からない者たちは米国流に首根っこを押さえて始末させる。それが正しい対応なのだ。

（2018年1月号）

支那「裸官狩り」の裏に米国人の凄技があった

NYタイムズが日本を悪くいって支那の買い漁りを許す理由

秀和は6億ドルをドブに捨てた

ニューヨーク・タイムズの経済記者ジェリー・クレスウェルがバブル期の日本は「酷かった」と書いていた。

「ずかずか上がり込んできて、米市民の心の故郷みたいなロックフェラーセンターから西海岸の超名門ペブルビーチまで買い漁っていった」

あのとき日本が買ったのは、確かに半端じゃなかった。昭和天皇がお泊まりになったビバリー・ウイルシャーホテルもボナベンチャーホテルもあのエンパイヤステートビルも日本企業のものだった。

ただ彼女のいうように「無作法に買い漁った」わけではなかった。

'85年9月、ニューヨークで先進5か国蔵相会議があって、日本の対米貿易収支のあまりの不均衡を正せと迫られた。

北京政府は元を操作している。おかしいだろう、ちゃんと実勢で商いしろ、といったって北京はシカトするだけだが、日本はそうはいかなかった。核をもたないとまともな話もできないのかと日本人が初めて思ったのもこのときだった。

これが世にいうプラザ合意で、1ドル235円はすぐ150円に、数年後には100円に迫っていた。並みの国なら潰れている。

ドルが半額になった。でも日本にいる限り何も変わらない。狡い米国人はそこにつけ込んだ。「いい物件があります」とすり寄ってくる。「開運の壺」の売り込みとホントによく似ていた。

で、秀和はロスのアーコタワーを6億ドルで買った。市価の倍だったが、まあドル安だし。しかしビルの壁の中身がアスベストとすぐに知る。もともと売れる物件ではなかった。6億ドルをドブに捨てたようなものだった。

熊取谷の会社も「破産宣告」へ

クレスウェルがいうペブルビーチも同じ。コスモワールドの熊取谷《いすたに》稔に市価の倍の8億

4千万ドルで売りつけたのは20世紀フォックスの元会長・マービン・デービスだった。法外な値だったが、熊取谷には皮算用があった。当時、日本では官僚接待はノーパンしゃぶしゃぶ、民間はゴルフ接待が形だった。上得意をあのペブルビーチでプレーさせれば、もう商談は成立したようなものだ。彼は日本企業向けに1億円の法人会員権を考えていた。

併せてゴルフ場に近い海岸線をリゾート開発し、売る。8億ドルの投資は5年もたたずに償還できると思った。

しかし相手は米国人だ。契約成って熊取谷が欠陥だらけだったコースを理想的に造りなおすのを待ってマービンがいった。「いい忘れたが、ここは地元コミュニティのものだ。それ以外の例えば外国企業が会員権を持つのは認めない」「周辺の海岸線は風致委員会が管理し日本企業の開発だけは禁じているそうだ」

地元の人がプレーする代金だけが収入では借金は返せない。熊取谷の会社はペブルビーチを買った翌'91年、破産宣告した。ゴルフ場はマービンのお知り合い企業が安値で買い戻した。

GM本社ビルを買った支那人

もっと悲惨だったのは水野健か。

茨城カントリーで5万人に会員権を乱売して掻き集めた数百億円を懐にラスベガスに飛んだ。

カジノホテルを買い取り、ラスベガスのセレブになるのが夢だった。

それならと米国人は「カジノ経営の認可がほしければまず地元名士になることだ」と病院や大学に何億も寄付させた。

さらに企業実績も必要だと市価の3倍の6千万ドルでインディアンウエルズCCを買わせたが、カジノ経営認可はいつまでたっても下りない。それも当然でネバダ賭博管理委員会はもともと「日本人には認めない」方針だった。

その間に茨城カントリーの乱売が問題になる。すると頼みもしないのに米税関当局や検事局が動きだし、水野のもつゴルフ場やレストランを資金洗浄の疑いで差し押さえ、さっさと競売に付した。

ゴルフ場は水野の買値の3分の1で叩き売られ、検事局など関係機関が落札価格の25パーセントを手数料として取り、経費も引き落とし、少し残った額を日本に返した。戻ってきたのは水野が米国で使わされた総額の数％《パーセント》にもならなかった。

このプラザ合意の前後、レーガンは日本に雇用創出を哀願し、ホンダもペンタックスもダイセルも出て行ってやった。米国はあのとき本当に感謝していた。

さんざむしって、世話になって。その事情をこの女性記者は承知しながら、なぜ今ごろ、こんな悪口をいい出すのか。

彼女の記事はこう続く。「日本の買い漁りはうんざりだが、いま別の外国資本が米不動産を買っている。支那人だ。すでにGMの本社ビルを支那の投資団体が買った。大連の連万達グループはニューヨークに豪華ホテルを建設予定だが、米国人は日本人に見せた嫌悪感を支那人には見せていない」「他にも支那の資本で大規模な地域開発が数々計画され、いずれも好感をもって迎えられている」

この記事が出た後、ニューヨークで最も有名なウォドルフアストリアホテルが支那に約20億$《ドル》で買収された。

習近平は流れたカネを回収へ

かつてアイゼンハワーやマッカーサーが居住し、モンローやウィンザー公、そして昭和天皇も宿泊された歴史を持つ。それこそ米国の歴史モニュメントみたいな建物が支那人に買い取られたときの米市民の感情は彼女の主張と違って随分ととんがっていたように見えた。

それなのになぜ、わざわざ日本を悪くいって支那人の買い漁りを歓迎して、「支那人はどんどんカネもって投資にきてくれ」と誘うのだろうか。

それでふと思い当たったのが、支那の裸官狩りだ。統計では8千億元、10兆円が汚職官吏によって米豪などに持ち出された。習近平は海外に逃れた彼らとそのカネの回収を進めている。

水野健と同じだ。彼らにいっぱい投資させ、最後に資金洗浄で挙げ、あとはあのときと同じ。差し押さえ、競売し、手数料とって…。支那人のピンを撥ねる。いかにも米国人らしい技だ。

（2015年1月号）

GHQが持ち込んだ愚かな米国製「文化革命」

キリスト教化運動の背景には米国人の選民意識という思い込みが

“難のある”GHQスタッフが

いかに日本人に悪い戦争を行ったと思い込ませるか、いわゆるWar guild Information Program を含めた米国の戦後政策は、結構早くから取り組まれていた。

まず日本を実験台にする原爆製造「マンハッタン計画」は真珠湾の翌年'42年10月にルーズベルトがサインしてスタートした。同じ月のうちにニューメキシコ州ロスアラモスのプエブロインディアン居留地に移住命令が出て、彼らはもっと酷い土地に追われた。

そこに原爆製造研究所が建った翌'43年秋にはスチムソンを中心に「日本人を四つの島に閉じ込め、外界と完全に情報を遮断した状況下におく」「無謀な戦争に駆り立てた軍国主義者と被害者としての国民という対立構造の構築」など基本線が決められた。

'44年からの日本本土爆撃も皇居を真正面から監視する第一生命ビルをGHQ本部に、その裏のビルは各国特派員の記者クラブを置き、日劇は将校用の映画館に、赤坂連隊は進駐軍将校クラブとして爆撃の対象から外された。

マッカーサーの当面の宿舎には彼が新婚旅行に使った横浜のグランドホテルを充てることにし、ここも爆撃から外した。だから'45年8月下旬、マッカーサーが進駐したときには日本の重工業の身の振り方から教育、メディア、衛生部門まですべてマニュアルが出来ていた。

ただそれに携わるGHQスタッフには教養、能力面でかなり難のある米国人がもっぱら登用された。

素人通訳を憲法起草員に任命

マニュアルがあるからだれでも同じと思うヒトもいるが、例えばロンドン塔の歴史を読むと、王の怒りを買った罪びとにはわざと新人の処刑人を当てた。初めての処刑人は震え、一撃で首を落とせず、何度も斧を振った。最大限の苦痛を味あわせる悪趣味がそこにあった。

GHQもそれをやった。大学を出たての通訳ベアテ・シロタを憲法起草員にしたり、軍事用語辞典の編集者ロバート・ホールに日本語の英語化をやらせたり。

素人にやらせることで、白人支配を乱した日本により大きな苦痛を与えようとする悪意が見え透いていた。

その素人の中に「公衆衛生福祉局（PHW）のクロフォード・サムスとその配下の看護婦マチソン」（山村明義『GHQの日本洗脳』）がいた。

彼らは米国流が正しく、日本は野蛮国だと思い込んでいた。「妊娠中毒者は1日1リットルの真水を飲め」とか、いまでいえば医療過誤で訴えられる間違った処置を次々命じた。その中に「出産後、母子は直ちに別室に分離せよ」もあった。日本側が「母子は一緒に寝かせた方がいい。赤ん坊の声を聞くと乳もよく出る、母子の愛情も育成される」と強く反論した。

しかしマチソンは別室制を命令でやらせた。先日の新聞に60年前、江戸川の産院であった赤ちゃん取り違えがやっと確認されたとあったが、同様のGHQ製悲劇はかなりの数に上るとみられる。

「清浄なアメリカ」を日本へ…

なぜ米国はこんな愚かな母子別室にこだわったのか。実は遅れた米医学界では「胎児はもちろん生後数か月までは赤ちゃんは目も見えない、耳も聞こえない植物状態」(同)が定説だった。

驚くべき無知だが、日本の反論を契機に再検討され、赤ん坊が植物状態ではないことが彼等にも分かってきた。胎教という言葉も生まれ、WHOも「母子同室とし、母子は24時間一緒がいい」ことを戦後40年経った'89年に提言している。

因みにトップのサムスは狭い2DK住宅と産児制限を日本社会に押し付け、今日の出生率低下と近所づきあいを失った引き籠り家庭を根付かした男だ。

マッカーサーはまた「アミニズム神道の放棄」と「キリスト教に帰依」を日本政府に命じ、3千人の宣教師を呼び、国際基督教大学も建てさせた。マッカーサーに阿《おもね》る南原繁も東大総長として学生にキリスト教入信を説いた。目論見では日本人の70％《パーセント》を入信させるつもりだったが、信者は1人も増えなかった。

このキリスト教化運動の背景には米国人の選民意識、神に選ばれた清浄な民という思い込みがあった。彼らは20世紀初頭から人を祈りから遠ざける酒、阿片を排撃し、'11年に大麻を禁止に、同'12年には阿片を、同'20年には酒とコカインを非合法化した。禁酒法時代と一括りにされる「清浄なアメリカ」時代だ。

彼らはその意識も日本に持ち込み、昭和21年1月、大麻などすべての麻薬を禁じるGHQ指令を出した。

先進国日本では麻薬はとっくに規制されていたが、大麻規制には驚いた。なぜならその成分カンナビスは日本薬局方に載るれっきとした薬品で、白内障の治癒効果に加え、清浄作用も認められていた。

注連縄《しめなわ》や相撲のまわしなどのほか天皇が大嘗祭の際にお召しになる麁服（あらたえ）も麻と決まっていた。

日本だけではなく、例えば紀元前7世紀のゾロアスター教聖典にも薬剤の一つに上げ、エジプトのミイラも大麻で包まれた。防腐効果ゆえと思われる。

また、新約聖書でマグダラのマリアがイエスに聖油を塗るシーンがあるが、あの聖油も大麻抽出油とされている。

「国が滅んでも憲法を守る」と

下って19世紀、ビクトリア女王も生理痛の治療薬に大麻を愛用した。ＧＨＱはそうした歴史も知らなかった。

そして半世紀、米国でＨＩＶが流行り、その終末治療に俄かに大麻が浮上した。生きる気力を失ったＨＩＶやがんの末期患者に大麻を投与すると食欲が湧きだし、僅かながらの治癒効果が認められた。

いまでは多くの州が終末医療用に使用が公認され、コロラド、ワシントン州では販売、吸引まで公認された。ウルグアイは国家として解禁に踏み切った。

そんなアホなＧＨＱがつくった憲法をやたらありがたがり、国が滅んでも、いい憲法を守ろうという新聞がある。困ったものだ。

（２０１５年８月号）

第3章

巨大メディアが世の中を暗くする裏事情

非核三原則を沖縄返還にすり替えた朝日新聞の嘘

朝日新聞の編集委員のコラムはあまりに稚拙で酷かった

社説と文化人の御託の穴埋め

朝日新聞の中の方にオピニオン面というのがある。社説が2本入っていて、対抗面には名前も知らないようないわゆる朝日文化人らしい人たちが時々の話題について語っている。あんまり面白くないのは、例えば原発は反対、自然再生エネルギーはいい。「韓国はいい国で大使はすぐ返せ」に決まっていて、日本の女は「虐げられ、社会的地位が低い」ことになっている。

午後にホテルのティーラウンジに行ってみろ。社会的地位の低いはずの女ばかり豪勢に寛いでいる。現実を知らない空論ばかり並べるから面白くもないし、誰も読まない。

社説も然り。原発反対と吠えまくっても世間はちゃんとした人が多い。朝日が罵詈雑言を浴びせても日本のエネルギー問題を考えてきちんと原発は動いている。社説を書いている連中はそれを織り込み済み、こんなバカな社説を信じるのは青木理とかもっと馬鹿なテレビのコメンテーターだけと安心しているからだ。

だから誰も見ない中の方にしまい込んでいる。ただ、社説と文化人の御託ではページは埋まらない。それで穴埋めに編集委員とかの肩書を持った朝日の記者にコラムめいたものを書かせている。

穴埋めだから話がつまらないものばかりなのは我慢するが、そのコラムを書いている何某編集委員のちょっと斜に構えた顔写真まで載せているのはどういう気か。羞恥心がないのだろうか。

そんな一人、駒野剛編集委員が「不都合な真実に牙むく権力」という見出しのコラムを書いていた。

書き出しは戦前、北大で英語を教えていたクエーカー教徒の米国人ハロルド・レーンが真珠湾攻撃のあとスパイ容疑で捕まって米国に送還されたという話。

常識があればクエーカー教徒というだけでまともじゃないと思うものだ。「震える者」という意味で、韓国のキリスト教徒が法悦のあまり立ち木を揺すり倒すほど震えるというが、それに似る。偏狭なキリスト教の中でも最も偏頗な宗派に属する。今上天皇の家庭教師バイニング夫人もその一人だ。

日本政府を極悪と決めつける

そんな信条はともかく日米開戦になれば敵性国民は拘束され、送還されるのは当たり前だ。北朝鮮や支那だったらぶち殺されているところだ。

駒野はこのクエーカー教徒についてスパイ容疑は不当だというが、あのときは大使のジョセフ・グルーだってハル・ノートの異常な中身を知っていて黙っていた。

少なくとも真珠湾の翌日には日本政府は中身を新聞発表している。彼はそれを読んでいる。そのあと送還されながらグルーはルーズベルトに従い、終戦までハル・ノートの存在を公《おおやけ》にしなかった。

しかも彼は帰国後、国務次官を務めている。こんな不実な男はいない。親日をいう大使がその有り様だ。駒野はそんな連中を頭からいい人たちと信じ、彼らに疑いの目を向け、罪人扱いした日本政府を極悪と決めつけて腐す。やれやれだ。

そんな前段に続いて、後段はいきなり昭和47年の沖縄返還話になる。

日本政府が米国に400万ドル払った密約を世に出した毎日新聞の西山太吉の話に続く。西山は外務省女性職員と情交して、それを脅しネタにして女に密約文書を持ち出させた悪党だ。

原爆の報復恐れた米の思惑を

彼は新聞記者というが、記者とはネタが入れば記事にする者をいう。西山は記事にしないで社会党に持ち込み、倒閣を試みた。それは政治ゴロか左翼活動家の所業だ。おまけに人として隠し通すべき情交した女性の名を進んで明かし、罪を逃れようとした。救いのない卑劣漢だ。

駒野はそれも知らずに「国家が男女関係を暴露した」だと。暴露したのは西山自身ではないか。呆れながら次の段落を読んで目が点になった。

日本政府が金を払って沖縄を返してもらった。その「返還により佐藤栄作がノーベル平和賞に輝いた」と続く。

ちょっと待った。佐藤栄作は「非核三原則」で受賞した。

沖縄返還を前にした昭和42年12月11日、衆院予算委で沖縄返還といいながら米軍基地に核があるはずだと野党が執拗にいう。対して栄作は「核は持たず作らず持ち込ませずの三原則で臨む」といった。

彼は政治家だ。あの冷戦時、米軍が核を持ち込まないなどと非現実的なことがあり得るわけもない。愚かな野党を適当にあしらった発言だった。

ただ野党以上に日本の核不保持を望んだ国があった。米国だ。日本は米国に2発の原爆の報復権を持つ。それが怖い。それで非核三原則を法制化したがらない日本を抑え込むため'74年、ノルウェーに命じてノーベル平和賞を佐藤栄作に授与した。それを貫えば、変節はしないだろうという縛りのつもりだった。

しかし日本はそれも気にしない。後に当時官房長官の福田康夫がしれっと三原則を否定してみせた。

だからノーベル平和賞委員会が「佐藤栄作にやったのは最大の失敗だった」と100年史にその悔しさを書いている。

栄作の平和賞受賞は沖縄返還じゃあない。何でこんな嘘を書いたのか。

山崎豊子の事実歪曲もひどい

実は思い当たることはある。山崎豊子が西山のことをとても立派で信念の人みたいに仕立てて『運命の人』を書いた。

それを読んでこちらは事実歪曲もひどすぎると自分のコラムに取り上げた。中で「栄作の偉業はむしろ戦争で取られた沖縄を平和裏にカネで買い戻したことにある」と書いた。立派じゃあないかと。

ポエニ戦役の昔から戦争で取られた領土は戦争で取り返すしかなかった。アルザス、ロレーヌだって買い戻せなかったからドイツは再び戦争を起こした。

栄作は初めて鉄砲を撃たずに領土を取り返した。世界的な偉業だと書いた。

駒野はそれを読んだか。彼の文章は酷い。嘘も稚拙だ。ただいいものを直感し、剽窃する目は確かなようだ。


（2017年4月号）

東芝をこれでもかと叩く朝日新聞の呆れた論調
米GEを見習えばよかったと主張するが何様のつもりか

吉田清治の嘘を放っておいて

新聞は前日に起きた事件事故を翌日の紙面で報じるのが形だ。

だから役所も世間も休む日曜日のネタでつくる月曜紙面はネタが少なくて埋めるのが結構、大変なのだ。

で、各社とも尤もらしそうな埋め草ものを用意する。朝日が始めた「Monday 解説」もその一つだろう。

今回は堀篭俊材編集委員が、1兆円の赤字を出して潰れそうな東芝問題を取り上げていた。

東芝が躓いた理由を彼は「ラップトップを開発した」とかのこだわりがあってパソコン部門をなかなか切り離せなかった、そういう優柔不断さがまずかったと偉そうにいう。

それに20万人の大所帯ゆえに隣の部局が何をやっているか知らない。だから「原発部門の暴走」も防げなかった。救いようがないと続ける。

大所帯でもないお前の新聞社は社会部のでっち上げた吉田清治の嘘を30年も放っていたくせに。何を不遜なと思うが、まあそれは措く。理解できないのは東芝が一人で勝手にこけたという分析だ。

東芝を潰しかねない負債を押し付けたのは米子会社のウエスティングハウス（WH）だろうが。

親会社を軽んじ、勝手をやった白人経営陣ではなかったか。

堀篭だけでなく朝日新聞自体がその子会社の責任をこれまで一切論じてこなかった。黄色い日本人には上から目線でぐちぐちいうくせに、白人様には一言も言わないこの新聞の料簡が分からない。

だいたいWHに限らず米国の企業も社会もまともじゃあない。低所得者に無理な住宅ローンを組ませ、それをもとに怪しげな金融商品を売り出した。あれに関わった証券会社や役所や銀行のどこがまともだといえるのか。

船橋洋一による「トヨタ攻撃」

トヨタの「プリウスが暴走した」と詐欺女がパトカー呼んでアクセル踏み続けた騒ぎがあった。運輸長官ラフードは即座に「トヨタに乗るな」といった。あれもまともだったといえるか。

南イリノイ大准教授デビッド・ギルバートが「これが暴走するタコメーターの映像です」とABCで流した。映像には動いてない速度計も映りこんでいる。みな学者のインチキを知っていてわいわい「トヨタは危ない」とやっていた。

朝日の主筆、船橋洋一も「米社会ではトヨタはいまや欠陥の代名詞になった」と書いた。詐欺師白人は嘘をつきませんと弁護した。

しかし、トヨタの車を調べても不具合はなかった。NASAまで持ち込んでも毛筋ほどの欠陥もなかった。

そんな詐欺師の国には今度の東芝騒動とよく似た前例がある。1990年初め、西海岸の名門ペブル・ビーチを日本のコスモワールド社が買った。

相場の倍を超える1千250億円で買わされたコスモは、さらに巨費をつぎ込んでコースを改修した。コースは魅力を増した。コスモは周辺に洒落たリゾート地を開発する青写真も引いた。

米国の詐欺師ぶりには触れず

準備を整え、さあ新規に法人会員権の募集を始めたら20世紀フォックス会長のマービン・デービスが待ったをかけた。「このコースは地元コミュニティのもの。それ以外の会員は認めない」

計画はご破算。では周辺を開発して新規の住人をメンバーにしたいといったら「海岸線の景観を守る委員会」が出てきて「開発はだめ」を通告した。

コスモは嵌められたことを初めて知ったが、もはや破産は免れなかった。デービスは見違えるほど立派に改修されたコースを半額で買い戻した。

この構図は東芝と同じだ。

東芝は54億ドルでWHを買収した。相場（18億ドル）の3倍といわれた。

大枚をつぎ込んだ東芝はそれでもWHのブランドに加え、東芝自身のノウハウも注ぎ込んで世界一の原発メーカーに育てていった。

そこに突如として膨大な負債が湧きだしてきた。東芝はコスモと同じ、破産を迫られ、

WHを手放した。

東芝の屍の上に、チャプター11入りしているとはいえ、最新のノウハウを持った新生「WH」が米国に蘇えった。まさに原発事業のペブル・ビーチ版だ。

しかし堀篭の解説にはそうした米国の詐欺師ぶりは語られない。東芝のドジさをただ嗤い、最後に垂らした訓戒が「米ゼネラル・エレクトリック（GE）を見習えばよかった」だった。

GEといえば創業は発明王エジソンだ。「99の努力と1つの閃き」と本人はいったが、実態は他人様の発明を取り込み、特許をかけて「99の訴訟」で儲けてきた。

そのGEの企業理念は「ある時点ですべてを捨て去ってゼロからやり直す刷新」なのだそうだ。

例えばGE印で知られるジェットエンジンとか世間に貢献する事業はもうやめる。製品にセンサーやソフトを組み込み、ネットで膨大な情報を集める「IoT」が大儲けできる狙い目なのだそうだ。

要するに損しそうなのは何でも切り捨てる。それで何となし分かった気がするのが東電福島原発だ。

大津波で逃げ出したGE社員

あそこで事故を起こした原子炉はみなGE社製だ。事故原因となった「海側の低地に置いた非常用電源」もGEの責任設計によるものだった。

なぜそうしたか。「GEがそう考えたからだ」「日本人は口を出すな」

しかし大津波が来たとき、現場にいたGE社員はさっさと逃げ出した。切り捨てには「責任」も入っている。そんな企業を手本にしろといっている。

日本には1千年を超える会社が7つもある。伝統と改革を両立させ、責任をもって仕事をしてきた。日本人の形がそこにある。

朝日は違う。嘘を書いても責任は切り捨ててきた。GEと同じ根性だ。だからみんなに朝日新聞は切り捨てられる。

（2017年5月号）

東電福島から逃げ出したGE社員の無責任を衝く

朝日新聞はGEの責任を不問にしたが21兆円を払わせるべき

東電が憎いと苛めに走る朝日

東電福島第一原発の廃炉など処理費用が21兆円を超えると経産省が発表した。あれだけの事故だからある程度は予想していたが、国家予算の4分の1にもなるというのはただ事じゃあない。

何にそんなにかかるのか。メルトダウンした炉心の処理に6兆円、被災住民への賠償に4兆円とかは分かるとしても、年間被曝量1ミリシーベルトの基準をもとにした汚染表土や地下水の処理に兆単位の出費がどやどや並ぶ。

福島第一原発サイトには放射線で高濃度に汚染した冷却水などが大量にある。それを海に流すなという地元漁民のいい分は分かる。

だから、汚染水は800基もの貯水タンクを作って溜め込んできた。そこまでは分かるが、このサイトには毎日400トンもの地下水が流入する。しかし地元はそれも流すなという。汚染域を通れば汚染するという理屈らしいが、それなら敷地手前で遮断してきれいなうちに別ルートで海に流せばいいはずだが、それもダメだという。それが分からない。ために東電は流れ込んで汚染しただろう地下水を毎日汲み上げてタンクに入れ、改めて除染して海に流している。それでも処理能力は1日200トン。つまり2日で25メートルプール一杯分の水をいまもせっせと溜め込み続け、いまは80万トンに達している。

それでも地下水を完全に食い止められないから莫大な金を使って凍土壁を作り、海への流入を防いでいる。

それも晴天続きの場合で、いったん大雨になれば地下水量は数倍に跳ね上がる。実際、'16年9月の台風襲来時には凍土壁の2か所が破られた。

反原発の朝日新聞は鬼の首でも取ったように「溢れた溢れた」と大騒ぎし、地元も同調した。東電が憎い。漁場を奪った。だから賠償金を払わせた。それでも腹の虫が納まらない、東電を困らせてやる、では単に苛めでしかない。

朝日と民主党が嘘を仕掛けた

汚染土も同じだ。基準は人体の年間許容量1ミリシーベルトに合う放射線容量だが、この基準は100パーセントまやかしだ。

核兵器を初めて持った米国が核の恐怖を煽るためにハーマン・マラーの「放射線は遺伝子を壊し奇形を産む」学説を喧伝した結果で、いまでは虚妄とされる。

現にマラーの説に従えば致死量になる放射線が逆にがんや認知症の治療に効果があることを、マサチューセッツ大のカラブリーズ教授や東北大の坂本澄彦博士らが証明している。そんな根拠レスのデータをもとに何兆円もかけて畑や森まで除染させる。仕掛けた民主党と朝日の責任は重い。

朝日の仕掛けた嘘はまだある。あの事故直後、朝日の編集委員、竹内敬二は原子炉が米国ＧＥ社製という事実を隠して「建設時には炉心溶融は起こらないとして炉に放出弁を装備しなかった」「海外の動きに押されてやっと導入した」と、まるで日本製の欠陥炉のように書いた。

実際はＧＥ社が何のノウハウも知らせず、ガス放出弁のない原子炉を設置した。東電は米スリーマイル島事故を重く見て放出弁を独自の判断で取り付けた。

GE社員に反原発を語らせた

朝日が渋々ながら原子炉がGE社製で、その設計にあった瑕疵がもとで今回の事故が起きたことを仄めかしたのは事故から丸3年後の'14年3月30日付の紙面だった。それも反原発ものの連載の中で、ほんの数行ほど触れただけだ。

そこには「地震のとき4号機にはGEの人間がいた。彼らはすぐ逃げ出した。そして米国のGE本社は彼らを日本からすぐ出国させた」とある。

何でGE社員がそこにいたかは、その2日前の連載で初めてGEが原子炉の設計者だと披露。それも偉そうに例えば日本側が何で放出弁がないのかと尋ねると、答えは常に「なぜならGEがそう考えるからだ」だったと伝える。

福島原発サイトはわざわざ高い丘を削って低地にしてある。

そこに原子炉を建てさせ、補助電源も津波が来れば一撃でダメになる海側にまとめて置かせたのも「GEがそう考えたから」だといっている。

この話は同じ年の12月7日付紙面で福島でのGE現地代表、名嘉幸照にも同じことを語らせている。この男は沖縄の活動家で元漁船員。福島にやってきてGEに雇われるが、彼を選任した理由も彼の知識がどれほどかも不明のままだ。

その代表社員はあの地震のとき外出していて、電源アウトの非常事態を知ると、以来、職場に戻ることはなかった。GE本社にも問い合わせたというが、まともな答えはなかったという。

彼は朝日のインタビューの最後に事故を総括して語ったのは「被爆国が原発などは持つな」だった。朝日はGEの責任を一切不問にした代わりに、GE社員に反原発を語らせた。

GEから懲罰的賠償を取れ！

朝日の異様な対応には呆れるが、それは措くとして、この元沖縄の活動家を含め、現場にいたGE関係者が事態収拾に何ら努力せず、逃げ出し、GE本社もそれを咎めるどころか、すぐ日本から脱出させた事実はこれで明らかになった。

因みに米原子力規制委員会が補助電源を複数、分散設置するよう命じた「B5b」ディレクトリーすらGEは東電に伝えていなかった。

結果が21兆円の損害であり、加えて優れた原子力産業の停滞も出来している。

ここまで見ればだれでも即座に「欠陥商品で被害が生じたら製造者がその責任を負う」という米国生まれのPL法を思い出すだろう。

福島原発はその設計、構造のすべてに「偉そうに指導した」ＧＥの責任を除外しては何も語れない。
トランプも出てきた。米国と聞けばいいたいこともいえなかった時代は終わった。新しい年、新聞も政府も国民も改めてＧＥにその責任を問い、ついでに真の意味での懲罰的賠償を取り立てたい。

（２０１７年１月号）

テレ朝に入ったばかりに暗くなる男性アナの行状

朝日新聞の作った反日ネタを眉間にしわを寄せて喋る滑稽

宮田輝は知名度で当選したが

入った大学は一学年250人という、よその大学なら一学科分ほどの規模だった。花の女子大生も学年で7、8人くらいだったように記憶している。まあそこそことというか普通の見てくれをいう言葉に「十人並み」という言葉がある。その10人も切っていたけれど、そんなことが学業の妨げになるでなし。美人に会いたければ、キャンパスの外に出ればいいだけのことだった。

大学の名誉のためにいえば、わずかな女子大生はそろって十人並み以上だったし、もう2学年下には我が大学の歴史に残る麗人、川井邦子もいた。確か理学部だった。その意味で恵まれた世代だった。

そこにいくと、さすが慶応大学だ。毎年のように女子大生を対象に美人コンテストをやっているという。一学部だけで3千人という規模がそれを可能にしているのだろう。それでその年のミス慶応にでもなれば日テレとかの地上波テレビ局の女子アナが約束される。TBSの宇内梨沙、テレ朝の竹内由恵など十指に余るという。

いったん女子アナになれば、将来は約束される。中井美穂みたいにプロ野球選手の夫人に納まるか、野際陽子（古過ぎ）みたいに女優になるか。最近ではテレ朝の丸川珠代のように政治家になる道も開けてきたようだ。

では、男のアナはどうか。

テレビの揺籃期、NHKアナの宮田輝は「素人のど自慢」で軽妙洒脱、ちょっと人を食った語りが当たり、「芸能番組向けアナの走り」といわれた。いまでいうバラエティ・アナだ。

全国津々浦々に流れるNHKだから知名度は抜群だ。'74年に退職後、参院議員に立って、別に選挙運動をするでなし亡くなるまで当選を重ねた。

宮田輝だけを見れば、男アナも女子アナ並みに第2の人生も危なげないように見えるが、実はそうでもない。

NHKでは朝鮮動乱がタブー

宮田輝が引退した'74年、NHKで始まった情報番組「ニュースセンター9時」にフランス語も喋りますとかいって登場したのが磯村尚徳だった。

学習院出身で「ちょっと気障ですが」とか毛並みよさそうに見え、それこそ別人生を約束されたように思われたが、どっこい。そのニュースセンター9時で朝鮮動乱に触れ「北朝鮮が38度線を越えて侵攻した」とやった。

当たり前のことだが、当時は社会党と日教組と朝日新聞と朝鮮総連が日本を握っていた。NHKに抗議が殺到した。左翼仲間に動員をかけ、電話攻勢をかけたから、局内の電話は鳴りっぱなし。仕事もできなくなった。

まともな報道機関だったら逆に「ふざけた抗議をするな。馬鹿野郎」で終わるが、NHKは報道機関を自称した準公務員の集団だ。取材の真似事はしてもジャーナリストの肝っ玉はない。あくどい抗議にへなへなと崩れて、磯村は番組の中で「北が攻め込んだなどと勝手に歴史を書き換えるような大それた意図はございません」と平謝りした。

以後、現在に至るまでNHKでは朝鮮動乱はどっちが攻めてきたかは一切タブー。歴史を左側に書き換えたままだ。

弔辞のごとく語る古舘伊知郎

この腰砕けをそれこそ全国の視聴者が見て磯村に愛想を尽かした。'91年、都知事選に出馬したものの4選目の鈴木俊一にすら敗れた。日本人の気概を持たない腑甲斐なさが審判された。

これ以降、男アナはなるべく政治的な発言を回避するようになった。

'88年に日テレに入った福沢朗、同じく'94年に入った羽鳥慎一、'97年、TBSに入った安住紳一郎などは宮田輝型、つまりバラエティ・アナで安定した道を歩んでいる。

これに対して、テレ朝の男アナは可哀そうだった。

立教大経済学部上がりの古舘伊知郎はプロレス中継だけやっていればいいものを、'04年から久米宏「ニュースステーション」のあとの情報番組「報道ステーション」のキャスターになる。

語るのは大方が朝日新聞の作った反日ネタ。それを重々しそうに眉間にしわを寄せ、葬式の弔辞みたいに声音に暗さを滲ませる。

テレ朝の後ろにいる朝日の演出指導だろうが、人はその声だけで鬱陶しくなる。だからやめた後も葬式イメージが離れず、ろくな仕事が来ていない。あの年で、もう年金暮らしのイメージだ。

同局で彼の3期後輩になる三反園訓も可哀想にテレ朝の政治好きでバラエティに行かせてもらえず、久米宏の手先みたいに使われ、50代になったときはもう使い道もなし。かくて定年前の58歳に鹿児島県知事選出馬を発表した。

しかし、背後霊みたいについて回るのが朝日新聞だ。「出るなら反原発でやれ。そうしないと分かっているな」

かくて三反園は出馬の時から川内原発を止めることを公約にさせられた。

三反園を操る「背後霊」の朝日

知事当選後の8月26日、彼は何の権限もないくせに九州電力に対し「川内原発を即時止めるよう」要請。断られると、1週間とおかずに再度、同じ要請を九電に迫った。

この最中に「原発反対」で食ってきた新潟の泉田裕彦知事が自民どころか反原発の旧民主党からも見放され、「次期知事選出馬を放棄する」（'16年8月30日）と野垂れ死に宣言を出した。

三反園にすれば反原発が決して民心をつかむキーワードでなくなったことは察知してい

る。こんな道化はしたくないが、しかし背後霊の朝日が許さなかった。

二度目の停止要請を渋る三反園に対し「三反園知事、問われる本気度」の見出しで、九電の防災措置を評価した姿勢を厳しく責め、今度は定期検査明けの運転再開の時にごねろと命じている。

テレ朝に入った不幸は第2の人生も狂わせる。男は黙って他局にいけ。


（2016年11月号）

NYタイムズの嫌われ者クリストフ記者の嘘を斬る

「尖閣は支那のモノに間違いない」と書いて非難を浴びたが

日本人＝人肉食を1面で報道

ニューヨーク・タイムズのニコラス・クリストフといえば、日本人に一番嫌われている米国人の1人だろう。

嫌われる理由は在米邦人有志が出版した『笑われる日本人』が詳述するように彼は臆面ない嘘を書いてきたからだ。

例えば彼が息子のクラス参観にいったときのこと。椅子取りゲームに勝ち残った女児が決勝で彼の息子に勝ちを譲ったように見えた。それだけで「日本の女は幼いころから男を立て、従うよう強いられている」と書いた。

文明の尺度は女性の社会的地位が示す。日本はかくも遅れているのだと。

字が読めるならホーソンの『緋文字』と『源氏物語』を読み比べるがいい。どっちの国の女が生き生きとしていたか分かるだろう。

それ以前に「男を立て、従うよう育てられた」女児が決勝まで勝ち上がってきたこと自体、クリストフのいう日本女性虐待論を否定していることに担当デスクは気付かなかったのか。

白人キリスト教世界で最大の禁忌は人肉食だ。それを支那人が文革のときにやったとクリストフが書いてピューリッツァー賞を貰っている。それでこの人種偏見男は支那人と見かけが似た日本人もきっと人肉を食っているはずと考えた。

で、北支に駐屯した老兵を訪ねて「仲間とすき焼きを食った」話を聞いた。クリストフにはそれで十分だった。

「支那人の子供を殺してその肉を食った。妻にも明かしていない」と「枯れ葉のように手を震わせて語った」ことにしてニューヨーク・タイムズ1面に写真付きで載せた。

ミャンマー政府を非人道的と

日本相手ならどんな嘘も許してきたこの新聞もさすがに日本中で起きた批判を無視できなくなり、彼を東京支局長の座から外した。しかし彼の嘘は止まらない。先日も「尖閣は支那のモノに間違いない」と書いて、また非難を浴びた。

そのせいか今度は日本を外して、もっと弱いミャンマーについて嘘を並べた。かつて加藤隼戦闘隊基地があったアキャブ。その辺にイスラム系ロヒンギャが密入国してくる。「宗教の違う浅黒い肌の彼らを仏教徒ビルマ人は差別し、弾圧する。先日はビルマ人が彼らを襲い死者を出す騒ぎもあった。それは南アのアパルトヘイトにも並ぶ悪行だ」と批判した。

ここで悪行とは密入国者を収容することをいう。クリストフは収容者の中にいた23歳の妊婦を取り上げている。

ロヒンギャにもともと立派な産院で出産するとかの生活慣習はない。産婆が面倒を見る。収容所内でもそれは同じだが、たまたま彼女の胎児が逆子だった。

陣痛が始まってそれが分かったが、手近に近代医療施設があるわけでなし、長い陣痛の末、死産した。その一事でミャンマー政府を非人道的と罵り、アパルトヘイトの犠牲と叫ぶのだ。

国家政策として黒人奴隷を使い、インディアンを殺しまくった米国人の所業に比べれば、ミャンマー政府がそれ以上に悪質だったとは思えない。ニューヨーク・タイムズでここまでこき下ろされねばならない問題とは思えない。

英国はスーチーを使って支配

おまけにこの人種対立のそもそもについて彼は語ろうとしない。ここを支配した英国は宗教や民族の違いを煽って殺し合わせる分割統治を得意とした。

しかしこの国は敬虔な仏教徒ビルマ人の国だから分割するネタがない。ためにイスラム系インド人を入れ、華僑を入れ、周辺の山岳民族を降ろしてキリスト教化し多民族多宗教国家に作り変えた。

1930年代にはマンダレーでイスラムと仏教徒が衝突して大量の死者を出す騒ぎも起きた。英国人は初めての試みだった人為的分割統治の成功を大喜びした。

その英国は戦後、インド人も華僑もそのままにして引き揚げてしまった。

ビルマ人は怒る。大英連邦に入ることを拒否し、国連を通して植民地支配の清算を英国に迫った。しかし英国は役者が一枚上で逆にスーチーを使ってビルマ人の口を塞ぎ、国際社会から孤立させた。

そういう経緯を見てロヒンギャは一層、不法入国を活発化させ、結果、「マンダレーの衝突」が各地で起き、ミャンマー側の不法入国者摘発につながっている。

クリストフは、この根っこにある英国の無責任にも触れず、歴史経緯も触れず、ロヒンギャに対する「今、そこに見えている差別」だけを取り上げる。これもクリストフ流の嘘記事といえるだろう。

笑わせるのはそれに続く一節だ。「私たち」と書き出す。文明人といいたいのだろう。「私たち、とくに日本、英国などが協力しミャンマー政府に人道的対応を迫るべきだ」と結ぶ。

元凶の英国やスーチーを担いでミャンマーの口を封じてきた米国が責任を取るのは当たり前だが、なんでこんなところで「日本」を持ち出すのか。

おそらくは「人道のあり方は我々白人が示し、それに必要なカネは日本が出す」いつもの形にしたいのだろうが、日本はかつてそういう無責任な白人植民地主義者を叩くために立ち上がったことを忘れるな。少なくともお前に気楽に国名を呼ばれたくはないと多くの日本人は思っている。

米国人は「不法入国者集団」だ

ところで、なぜクリストフはここまで不法入国者ロヒンギャに同情的なのか。

考えてみれば米国人はもともと不法入国者集団だ。米大陸に乗り込んでインディアンを皆殺しにして乗っ取った。テキサスにも不法入国して乗っ取り、ハワイも乗っ取り、フィリピンも取った。

常に勝ち組で通してきたが、基本的にはロヒンギャと同じ不法入国者の類だ。

それで思い出すのがウイル・スミスの映画『メン・イン・ブラック』だ。ゴキブリ星人が地球に来る。ウイル・スミスが彼らと同属のゴキブリを踏み潰すと本気で怒って襲い掛かってくる。

あれと同じでクリストフは同属のロヒンギャに冷たいミャンマー政府がどうしても許せないのかもしれない。

（２０１４年７月号）

日本人を安っぽく描いた日本経済新聞「日本兵の墓」

英軍はインパール作戦において日本人を無残に殺しまくった

フィリピン人が怯えた処刑法

昭和19年3月といえば日本がアジア太平洋の広大な戦域で制海権、制空権をほぼ失った時期に当たる。その時期、牟田口廉也中将の命令で、日本軍9万将兵がビルマからインパールへ進発した。

本来はその2年前、まだ日本軍が優勢なときに計画された作戦だった。そのとき「作戦は無理」と拒絶したのが他ならない牟田口だった。

それなのにこの期に及んでなぜ、やれといったのか。ちぐはぐ感は否めない。加えて日本人はアジア人の心根もよく分かっていなかった。

欧米諸国は彼らの支配に分割統治か恐怖の統治かを行った。後者の典型が米国のフィリピン支配だ。逆らう者はためらいなく殺す。あるいは「早く殺して」と哀願するまで傷めつけた。

仰向けに寝かせ顔にタオルを被せて水を浴びせる。残忍すぎると批判されたグアンタナモ基地の水責め拷問はフィリピンでの「水療法」がその原型で、こちらでは何百人もがそれで殺されている。

フィリピン人がもっと怯えたのが公開の「1週間処刑法」だ。米上院公聴会での証言では「月曜に右肩を撃ち、火曜日に左肩を、水曜に右足、木曜日に左足を撃ち、金曜に処刑する」。手足を撃つ場合は出血死しないよう、激痛だけを残すよう細心の注意が払われたという。

こうして40万人を殺してフィリピン人の抵抗意欲を完全に失わせ、その上でご主人様米国人を守るようフィリピン人兵士を養成した。日本軍がリンガエン湾から上陸したとき、彼らはご主人様がコレヒドールに撤退する時間を稼ぎ、そして死んでいった。

前者は英国のインド統治がある。ヒンズーとイスラム、ドラビダとアーリアンなど宗教、民族、言語の違いを煽り、敵対させた。日本の「和を以て貴しとなす」の真逆になる。

「ビルマのインド化」を狙って

英国人の凄いところはそれで憎むべき相手を殺した者の頭を撫でて褒めてやったことだ。だからインド人は独立した今もなおインド人としての共通言語を持てず、国内でいがみ合い、殺し合いながら、英国に尻尾を振り続けている。

彼らのように一度、精神的に去勢された民は再び自立した国に立ち返れない。インパール作戦の進発基地となったビルマも英国の分割統治を受けた。ただここは敬虔な仏教徒ビルマ人の国だから分割する材料がない。

そこで英国は支那人を入れ、インド人を入れ、カチンやモンなど山岳民族を山から降ろしてキリスト教徒に改宗させてビルマをほんの20年で多民族多宗教国家に改造した。その上で警察はカチン、モンにやらせ、軍隊はインドのシーク教徒を使って、最下等民族に落とされたビルマ人の取り締まりや弾圧に使った。

インド人は宗主国英国の直参を自認し、おまけに「我々は英国人と同じアーリア系、お前らはアジア人種」という人種意識もあってビルマ人を徹底的に傷めつけ、殺した。アウンサンの大叔父もインド人によって殺されている。

おかげというか、１９３０年にはマンダレーでビルマ人仏教徒とイスラム系インド人がぶつかり、万単位の死者を出した。ビルマのインド化が成功したのだ。

蛆虫にまみれて死んだ日本兵

日本軍はそんなビルマに来て英国人を叩きのめし、この国の本来の主ビルマ人の自立を促した。ただ他民族とは共存し、和の大切さをアウンサンに説いた。

だから、あの国で外来民族の浄化はなかったが、それでもアウンサンはインド人を許せなかった。彼は日本軍がラングーンにチャンドラ・ボースの自由インド軍の前線本部を置きたいという提案を拒絶し、インパール作戦の協力も断った。

その一方で彼は日本の負けを予想して「英国への寝返りとビルマ独立をセットにして英軍諜報部ヒュー・シーグリム少佐と接触を取っていた」（ルイス・アレン『日本軍が銃を置いた日』）

アジアの国々は自分の国のことだけで手いっぱいで、日本軍も利用できる範囲でのみいい顔をした。その顔もそむけた中で日本軍はただ独りで圧倒的な火力と十分な補給を受けた英印軍の待つチンドウイン川を渡河した。

今に残るコヒマ三叉路で日本軍は空陸からの攻撃で微塵にされた。遺体は一ブルドーザーで谷に落とされた。まだ動いている者もいた」。
ミッションヒルでは急斜面を駆けあがるM３戦車が日本兵をタコツボごと擂り潰した。
「負傷者が道に並べられ、尋問のためか将官はトラックに運ばれた。残った者はガソリンをかけられ生きたまま焼かれた」（第15師団栃平主計曹長）
進発した10人のうち８人が死んだ。彼らは半年前に来た道をマンダレーに、あるいはタイ国境に向かって落ちていった。道は日本軍が開戦の折に切り拓いた。その端にうずくまり、あるいは朽木のように倒れ、蛆虫にまみれて彼らは死んでいった。白骨街道とそれは呼ばれた。

あの戦線には「捕虜はいない」

先日の日経にインパールから300キロメートル離れたバングラデシュの田舎町コミラに日本兵の墓24基が見つかったとあった。
文中に「チッタゴンにも19柱が眠る。英印軍の墓からは離れ、墓標も一つ」。もう同じ場所に葬ったらという地元の女子大生の言葉が添えられていた。
こっちの墓所は二昔前に見ている。「離れた場所」ではなく、英印軍墓地の最上段の東側、朝日の昇る場所で、インパールから尋問のために連れてこられた日本兵たちと地元の新聞社主はいっていた。

前述した「トラックに乗せられた傷病士官」だと思われる。それが尋問後、誰一人助からず、みんな死んだことに英軍の本性を見た思いがしたものだ。

日経の記事はそうは書かない。多分投降した兵士だろうと。英軍はそんな兵士はその場で処分した。現にあの戦線で捕虜は一人もいない。彼らを美化して書くな。下手に美化するから戦前のアジアの形まで見失ってしまうのだ。

（2014年6月号）

トヨタからカネを奪った米イエローペーパーの横暴

12億ドルを脅し取った事件で見せた米紙の歪んだ報道

「暴走プリウス」をテレビ中継

「トヨタ車が暴走する」と運輸長官ラフードが非難したのは、5年も前になる。

彼の発言を機に米国内でレクサスやプリウスがやたら暴走を始めた。

どこかのおばさんのレクサスはアクセルを踏まないのに、時速160キロに跳ね上がって死ぬ思いをしたとか。

カリフォルニアでは暴走プリウスを急報で駆け付けたパトカーが並走し、「落ち着いて。さあギアをニュートラルに」と実況生中継もあった。

南イリノイ大のデービッド・ギルバート准教授はプリウスが暴走する様を分析、勝手に跳ね上がるタコメーターの映像をＡＢＣ放送で流した。

かくてトヨタ車の売れ行きは落ち込み、米議会は豊田章男社長を呼びつけ、米市民が50

人も死んだ、さあどうしてくれると脅し上げた。

トヨタ車は国家道路交通安全局に持ち込まれ、徹底的に調べられた。

どんな車だって少しは異常がある。もしくは因縁がつけられる。'80年代、米国でバカ売れしていたドイツ車アウディがこの精密検査で不具合を見つけられ、販売台数は一挙に85《パーセント》減。事実上、米市場から追い出されてしまった。

その穴をＧＭやフォードが埋めて立ち直る。いつも通りのシナリオだった。

しかし彼らにとって残念なことにトヨタにこれっぽっちの瑕疵も見つからなかった。米政府はＮＡＳＡに持ち込み、さらに1年かけて調べたが、無駄だった。

一方、暴走レクサスはおばさんがフロアマットを2枚も余計に重ねる馬鹿をやっていたことが分かった。

暴走の実況生中継をさせた男もトヨタからカネを強請《ゆす》るつもりで、故意に暴走させていたことが露見した。

トヨタを罵ったＮＹタイムズ

南イリノイ大の先生も訴訟屋にカネを積まれて嘘のデータをでっち上げていたことを認

めた。

しかし、その2年間でオバマが期待したようにトヨタは全米でのシェアを落とし、ＧＭは復活した。

日本だったら、偽計業務妨害でオバマもおばさんも手が後ろに回っていた。

人種偏見を交えてあれだけトヨタを罵ったニューヨーク・タイムズなど米紙もまず謝罪だろうが、だれも謝らず、だれも捕まらなかった。

米市民はそろってとぼけ通す気なのかと思っていたら、先日、トヨタがこの件で12億ドルを米連邦検察庁に払うことで和解したと新聞にあった。

日本人は驚く。「米国がトヨタに支払う」の間違いではないのか。これでは詐欺師に追い銭だろう。

ＡＰ通信のエリック・タッカーが、この摩訶不思議を解説していた。

「米市民の１人として穴があったら入りたい」と書き出すのかと思ったら、これも外れた。見出しは「トヨタ幹部の起訴は難しい」だと。

「米検察当局はいう。トヨタは全社を挙げて危険な欠陥を隠そうとしていた。これ以上、口裏を合わせているとみんな逮捕するぞと脅し上げたが、結局、12億ドルのペナルティを科すだけで逮捕には至らなかった」「背景には奸智に長けた日本企業の複雑な機構があって、だれが責任を持つのかも分からなかった」

「フロアマット」に因縁をつけ

まるでトヨタがこすからい犯罪企業のような書き方だ。

で、何を隠したというのか。トヨタは「アクセルペダルの潤滑油が固化して戻らなくなる可能性」「（一家4人が死んだサンディエゴ事故の原因（アクセルペダルの下に折れ込んで暴走を引き起こした）フロアマットの問題」をあやふやにしてきたという。

ちょっと待て。韓国車やアメ車じゃあるまいし、潤滑油固化なんてトヨタにそんな初歩的ミスがなかったことはNASAが調べてとっくに証明されている。

問題は「フロアマット」だ。これは二昔前、ジョージア州であったカローラの追突事故訴訟が発端だ。前方不注意が原因なのに運転者は「アクセルが戻らなかった」とトヨタを訴えた。事故車の科学的な検証でアクセルが正常だと分かると、原告はブレーキ故障だったといい直した。

トヨタがそれも科学的に否定すると、彼は「フロアマットが折れ込んでアクセルが戻らなかった」と絡んできた。

トヨタもそんな嘘まで科学的に反論できなかった。米連邦地裁はそれを見て嬉しそうにトヨタに200万ドルの賠償を命じた。

以来、米国での日本車への因縁は「フロアマット」に決まった。タッカーはむしろ米国だけで起きるフロアマットの折れ込みを気候や風土、米国人の民度から解説すべきだった。もっといえば、こんな国とＴＰＰを結んで公正に話ができると信じている日本人の甘さを指摘してほしかった。

ところで、この人種偏見に満ちた解説を書いた男は、それでもコロンビア大のジャーナリズム大学院を出ている。

これはニューヨーク・ワールド紙の経営者ジョセフ・ピューリッツァーの遺志で創設された最初の「まともなジャーナリスト」育成のための大学院だ。

捏造報道はコロンビア大から

ピューリッツァーの新聞はイエローペーパーと呼ばれ、下品で差別的な偽りの記事であふれていた。ＵＦＯもこの新聞の捏造だし、日清戦争では「日本軍は旅順の街で女子供など6万人を残忍に殺した」と、ジェームズ・クリルマン特派員に報じさせた。

ベルギー大使A・ダネタンが「日本人を貶める偽りの報道」と否定して日本は救われたが、彼の新聞はそういう悪意ある偽りの報道に満ちていた。

彼は死ぬ前に前非を悔い、米紙が習い性としている捏造報道を改めさせるべくコロンビア大に新聞記者のための大学院を開設し、いい記事を書いた記者にはピューリッツァー賞を贈るようにした。

タッカーも含め、いまのジャーナリストの多くはこの大学院を出ている。それでこのざまだ。山口百恵風にいえば「坊や、いったい何を教わってきたの」。


（2014年5月号）

第4章

白人優越主義が日本人を潰す

「日本人も十字軍」を広めた朝日新聞の反日報道
それぞれの都合でやったイラク戦争の背後を探っていくと

「殺されて当然」を米紙は演出

9・11テロがあって間もなく、息子ブッシュは対イラク戦争を打ち出した。開戦理由はサダムが「国際テロを支援しているから」といった。それは嘘だといわれ、では「大量の生物化学兵器を持っているから」にしようと、妙に自信たっぷりにいった。みんなは反対したが、英国のブレアが手を上げ、米英中心で開戦が決まった。お国のためなら米紙は付き従う。ニューヨーク・タイムズはサダムがいかに危険かを書き並べ、テレビは鉄砲をぶっ放すサダムの姿を繰り返し放映した。「殺されて当然のサダム」像が描き上げられた。

'03年3月、ブッシュは戦端を開き、最新鋭ミサイルがイラク軍を破壊した。一方的な戦争は1か月余で終わった。バグダードは占領され、サダムは砂漠の隠れ家で拘束された。

「極悪非道の独裁者」は彼を憎むシーア派狂信者に引き渡されて罵声の中、処刑された。一国の指導者の尊厳も認めない、敬意も払わない。武士道どころか人間性の一片もない、野卑な米国のやり方だった。

その戦後処理の中でバグダード近郊のタジで「マスタードガスやサリンガスが充塡された30キログラム砲弾が数千発発見された」（'14年10月16日付ニューヨーク・タイムズ）。

80年代にあったイラン・イラク戦争でイラク軍が使用した毒ガス弾と同種で、90年代の湾岸戦争あと、サダムが廃棄させたものと判明した。

廃棄個所は南部アマラからティクリットまで95か所。回収砲弾数は万単位にのぼった。一部は腐食が進み「回収に当たった米兵840人が漏洩致死性ガスに触れて負傷している」（同）。

米国が供給した「毒ガス兵器」

ブッシュがいった大量破壊兵器は間違いなくあった。ただ米政府はこの事実をなぜか隠して「大量破壊兵器は見つからなかった」と発表した。

「何だ、嘘の口実で戦争したのか」と非難の声が上がる。ニューヨーク・タイムズは一連のイラク戦争記事の一部を「誤報」として削除し、英議会もブレアの開戦責任を追及した。先日発表されたチルコット報告書もその一つだ。

日本では朝日新聞が「小泉の参戦責任を問え」と大仰に騒いでみせた。

日英とも米国を信用したのに。義理を欠いてまで毒ガス弾をなぜ隠すのか。

それはガス弾が実は米国製で、砲弾製造と充填のシステムも米国製。それをドイツがイラク国内に建設し、稼働させたといういきさつがある。

背景には米国の伝統的外交方針「米国益が関わる地域は常に混乱させておく」がある。中東もその対象地域で、例えばイランのパーレビーが力を持ち中東を仕切りだすと、米国はホメイニ師を助長させ、パーレビーを潰させた。

次にサダムがアラブのリーダーになりそうになると、ホメイニと戦争させた。戦いがずっと続くよう、米国は国交断絶中のイランに対戦車ミサイルＴＯＷやＦ４ファントムの部品を供給した。いわゆるイランゲート事件だ。

一方イラクには、兵員数で勝るイラン軍の足を止めるのに最も効果的な毒ガス弾を供給した。おかげでイ・イ戦争は８年に及び、イランは消耗しきった。

「中東は黙って油を出してろ」

ただサダムは生き残った。影響力は中東に拡大し、湾岸戦争まで起こした。「だから9・11の機会を捉え、危険なサダムを取り除こうとウォルフォウイッツがいった」（『ブッシュの戦争』）

英国も外交方針は米国と同じ。そもそも中東の混迷はイスラエルに建国を認めるバルフォア宣言とパレスチナ自治を認めるマクマホン協定を英国が同時に出し、喧嘩させたのが発端だった。英国は混乱による統治のいわば本家筋だった。

だから強いサダムの排除には大賛成だった。加えて英国は米国に大きな借りがあった。イラクがクウェートを取った湾岸戦争のことだ。

クウェートの前身は「英国クウェート石油会社」、つまり英国の石油植民地で、今も英国はこの国の石油収益の半分を運用する権利を持っている。

イラクがそれを取った。利権を失いかけたとき米軍が出て取り返してくれた。恩義は海より深い。

それで米国と手を組んだ。中東における英国の国益保護と、望ましい混乱を起こすために、今ではイラクからエジプト、リビアまでみな混乱の中にある。「中東は小生意気をいわず、黙って油だけ出していればいい」は守られた。

だからチルコット報告が、ブレアの勘の悪さを責めるのもブッシュ責任論と同じ、英国のそこまで汚い外交政策を世間様の目から隠すためなのだ。

では日本はどうか。自衛隊は出動したが、目的は疲弊したイラクのインフラ整備などPKOで出た。英米のように疚しい過去を隠蔽する必要もなかった。

騒ぐ理由もないのになぜか朝日新聞だけはやたら騒ぎ、米に追随した小泉政権の罪を云々する。

なぜか。実は英米に勝る疚しい隠し事をこの新聞は持っている。あのサマワ派遣のとき朝日の川上泰徳記者らは盛んに日本の米国追随を書き立てた。朝日はサマワの自衛隊宿舎の位置を報じ、ために迫撃砲が撃ち込まれた。

反日イスラムを「朝日」が生産

いい加減な左翼青年らが演じた人質事件も誇大に報じた。「ノー小泉」と叫ぶイスラム戦士も登場させた。それもこれも「日本の新聞報道は（イスラム）世界に広がります」（中東研の高浜豊）から朝日が騒げばイスラムに伝わる。

日露戦争以来、イスラム圏に高かった日本の評判を逆転させたのはこの朝日新聞の一連の反日報道だった。「日本は米国と同じ」という吹き込みはアルジェリアで、そして今回はダッカで「日本人も十字軍」として殺される結果になった。
反日イスラムを生んだ朝日はだからこそ、その疚しさを隠したい。朝日が大騒ぎする理由がここにある。

（2016年8月号）

偏見と憎悪に満ちたアンジーの「反日」映画

朝日新聞は「反日ではない」とのインタビューを掲載したが

「血の一滴」という言葉の意味

ポルトガル政府は東ティモールを支配するために、自国民兵士に現地の女を抱いて子供を産ませろと命じた。

「白人兵士は諾々とそれに従った」と英国人作家ノーマン・ルイスの『東方の帝国』にある。臭くて醜い女だけれど我慢して交合したくらいのニュアンスだ。

生まれた混血児はハーフカスと呼ばれた。彼らは父の名と白人顔を貰い、島内で1校しかない白人学校に通い、ポルトガル語を学んだ。

彼らは長じて植民地軍兵士になる。今ここを支配するシャナナ・グスマンやラモス・ホルタもそのハーフカスだ。

植民地軍の務めは例えば英軍とか外敵と戦うこともあるが、主任務は島民、つまり母方の現地人の取り締まりにある。

植民地政府は褌くらいしか財産のない島民にも塩税と人頭税を課している。彼らのための学校も病院もない。水道も電気もない。それでも搾取だけはやったから不満も爆発する。そういうときハーフカスたちは躊躇わず母だろうと母の親類だろうと銃で撃ち、蛮刀で叩き切った。その残忍さは白人の血の一滴を与えてくれた父への恩義だけでは説明できない。母方、現地人の血に対する心からの憎しみのように見える。

因みにこの「血の一滴（one drop rule）」という言葉は本来、米国で差別すべき黒人の範囲の決め事だった。

延べ1千200万人の黒人奴隷を入れた米国はその15《パーセント》を若い女にした。奴隷船で毎回買い込むより、国内で養殖した方が安上がりになると思ったからだ。

ジェファーソンが囲った奴隷

で、女奴隷が入ってくると、まず養殖係の白人が手を付けた。偉そうに神は人間を平等に創ったといったトーマス・ジェファーソンも性処理用にサリー・ヘミングスを囲った。

彼女の祖母はその15《パーセント》枠の一人で、英国人船長ヘミングスに犯され、生まれた娘ベティはバージニア州の奴隷農園主ウエルズの性奴隷にされてサリーが生まれている。白人の血が4分の3のサリーは殆ど白人女性に見えたというが、それでもこの1滴の血ルールで黒人扱いだった。

ジェファーソンは彼女との間に4人もの子を作ったが、それが世間にばれたら劣等人種との結婚禁止法に引っかかって最悪は処刑されたかもしれない。

ここで最も知りたいことは性奴隷として母子三代、白人様に弄ばれてきたサリーはどう考えていたかだが、それに関する記録は残されていない。

その米国の少し東、コロンブスが最初に上陸したイスパニョラ島にハイチという国がある。元はフランス植民地。黒人奴隷を入れて砂糖などを生産したが、価格下落につき、ナポレオンの時代に捨てられてしまった。置き去りにされた黒人奴隷がそれではと、作った国だ。

白人の横暴に振り回された人々。痛みを共有する彼らは手に手を取って国づくりをしたかというと、そうではなかった。彼らは実は同色ではなかった。サリーやシャナナ・グスマンと同じに白人の血の一滴が入っている者もいた。

下手糞な零戦乗りを描く映画

でもここは米国ではない。一滴入っていても差別されることはないと思ったら、大間違いだ。逆に俺たちは普通の黒人じゃあない。白人様の血の入った偉い黒人だと普通の黒人を見下した。

かくて一滴の血が入っているのとそうでないのとが凄まじいまでの殺し合いを続けてきた。'90年代、クーデターで追われたアリスティード大統領を米軍が支援して復位させた騒ぎがあったが、彼は一滴が入っている。白人を父と慕い、その分、黒人の血を呪う。東ティモールのハーフカスと同じ心情だ。因みに彼をクーデターで追い出した軍部はもちろん純粋黒人で白人を呪っている。

アンジェリーナ・ジョリーの監督作品『アンブロークン』が渋谷だかどこかの反日もの専門館で封切られたと朝日新聞が嬉しそうに報じていた。

記事には、アンジーの「決して反日ではない」というメッセージもあるが、どうだろう。作品を見た限りは徹底した黄色い日本人への悪意だけが印象に残る。

例えば冒頭のゴムボートでの漂流場面。意味もなく長すぎて退屈な流れだが、そこに零戦がきて襲い掛かる。反復、機銃掃射を加える。

例えばマレー沖海戦で沈んだ英戦艦プリンス・オブ・ウェールズ。漂流する乗員を英駆逐艦が救助するが、日本機はそれに対して攻撃を控え飛び去った。駆逐艦「雷」はスラバヤ沖海戦で撃沈された米英の駆逐艦の乗員376人を救助している。遭難した者を殺すなど日本人の美意識にはない。

「原爆投下は当然」というハリー・レイは著書の中で「米軍は降伏した日本兵や救助を待つ艦船乗員を機銃掃射して殺した」と書いている。

彼女の映画はこうした事実に背を向け零戦が米軍機並みに攻撃を仕掛けるが、ゴムボートに穴も空けられずに消えていく。そんな下手糞な零戦乗りはいない。以下、収容所長が軍曹だとか、拷問をやったのにBC級戦犯にも問われないとか、幼稚な嘘が並ぶ。そして陰気な画面で繰り返し日本人は残忍だと主張する。

「絶滅すべき劣等人種」とは⁉

アンジーがなぜここまで日本人に憎悪をたぎらせるのか。

彼女の母は実はカナダ系フランス人とモホーク族の混血児だ。

『明日への選択』12月号で紹介されたポール・ローレンの「国家と人種偏見」では「イン

ディアンは黒人と同じように白人社会には同化できない、絶滅すべき劣等人種」と見做されてきた。

そんな「劣等人種」の血が彼女の中に流れている。

アンジーはそれをどう考えたのか。

東ティモールのハーフカスと同じに非白人の血を嫌悪し、同じモンゴロイド日本人に当たり散らしているのか。

そう考えないと理解できないほど、偏見と憎悪に満ちた映画だ。


（2016年3月号）

イスラム国が映し出すキリスト教徒の「野蛮」
イエスの慈悲を語る者たちがなぜ蛮性をふりまくのか

生きた人間の腸が巻き取られ

知人が大腸がんの手術をした。今の医術は大したものだ。お臍から腸をずるずる引き出して患部を切除してから元に戻す。術後は少々出臍になったくらいで手術痕もほとんど目立たなかった。

その話を聞いてふと思い出したのは、異端審問博物館で見た中世の処刑道具だ。屠殺した牛や豚の腸を引き出してずるずる巻き取る機械がある。

巻き取った腸はきれいに洗ったあと塩漬けにした牛と豚のミンチを詰めてソーセージにする。因みに羊の腸に詰めたのをウインナ、豚の腸詰めをフランクフルト、牛の腸詰をボローニャという。

その道具を生きた人間に使う。自分の腸が巻き取られ、引きちぎられていく様を処刑される者はじっと見守る。

牛や羊はその皮もコートや靴、帽子に使われる。皮を剥ぐのは屠殺後だが、ベルギーの美術館に行ったとき、その生皮剥ぎを生きている人間にやっている図が巨大なタペストリーに描かれていた。謀叛の罪か、異端裁判だったかは覚えていないが、解説書には「実の息子に父親の皮膚を剥がさせた」とあった。

イエスの慈悲を語る者たちがなぜかくも残忍を楽しめるのか。

実際、キリスト教徒は際立った蛮性をふりまいてきた。

例えば11世紀の第1回十字軍だ。フランス人が主体のキリスト教徒はファティマ朝が支配していたエルサレムに侵攻して略奪、強姦の果てに子供を含めたすべてのアラブ人、ユダヤ人を殺害した。因みにファティマ朝はペルシャ人が支えたシーア派の王朝だった。

第2回、第3回の十字軍もイスラムの兵士を捕らえると直ちに殺害した。支那人と同じ、捕虜という概念はなく、基本は皆殺しだった。

食料に不足すると「異教徒の大人を鍋で煮て、子供は串刺しにして炙って食った」（エドワード・ピータース『十字軍』）

修道女に至るまで強姦→殺害

対するイスラム勢にはアイユーブ朝のサラディンが登場する。このころのイスラム世界にはルバイヤートのオマール・ハイアムや大学者イブン・シーナなどがギリシャ哲学を継承発展させ、今の数学の原点もこの時代に生まれた。

ハイアムも天文学者として知られ、彼はグレゴリオ暦よりも精密な太陽暦を編み出し、今のイランも使っている。

だからサラディンの軍勢は欧州の野蛮人よりはるかに洗練していて、リチャード獅子心王ら十字軍をあっさり駆逐する。イスラムの捕虜が惨殺されてもサラディンは慈悲をもって白人の捕虜を生かして返している。

4回目の十字軍もひどかった。彼らは精強のイスラム軍を避けて同じキリスト教徒の東ローマ帝国を襲った。コンスタンチノープルでは修道女に至るまで犯し、殺害した。略奪は徹底し、持ち帰れない壁画などの貴重品は破壊した。

因みにそれから5世紀後、ウイグル奥地のベゼクリフ洞窟壁画を知った独学者アルベルト・フォン・ルコックは貴重な写本や壁画などを剥がしてベルリンに持ち帰った。ルコックは持ち出せなかった残りの壁画のほとんどを破壊していった。彼らの行動は変わっていない。

重光葵の片足を奪った「テロ」

キリスト教徒の醜さをさらした十字軍の蛮行が終わると、オスマン・トルコが登場し、メフメト2世がコンスタンチノープルを落とし、さらに欧州を攻めた。

しかしこの名君は一度、敗北もせずにバルカン半島から撤退する。理由はワラキア公ブラド3世だ。後にドラキュラ伝説のモデルになる男は捕虜にしたイスラム兵を最も残虐な串刺し刑にして丘の上に並べた。ポプラの若木を肛門から体を貫いて肩口に刺し通す刑は極度の激痛を最低でも1週間、味わされて死んでいく。

メフメト2世はキリスト教徒の野蛮に兵士たちを曝すのを厭《いと》って退いた。

キリスト教徒の狂気はその後も世界に拡散していく。16世紀。アメリカ大陸に進出したスペイン人はキリスト教化を口実に異教のインディオをひたすら犯し、奪い、殺害した。17世紀まで高度の建築学と天文学を誇ったマヤ文化はその文字を読み解く者を失うまで破壊された。

ペリーは日本にきてキリスト教の恩恵をこの野蛮の民に施す使命を語っている。その恩恵とは何か。慈悲を広める使命に燃えた宣教師フィッチは朝鮮人テロリスト尹奉吉を上海の日本人租界に送り込んで重光葵の片足を奪うテロをやらせた。別の宣教師マギー、ベイツは南京大虐殺の嘘を喧伝し、非キリスト教徒の日本人に汚名を着せ、その汚名を口実にトルーマンは広島・長崎に原爆を落とした。

なぜイエスを信じる者がと訝《いぶか》る。十字軍以来の彼らの行動を見ると、単に自分たちの行動を正当化する口実にイエスを語っているように見える。

イスラム国の野蛮が盛んに語られる。先日のAP電は同性愛者を後ろ手に縛ってホテル屋上から突き落とす処刑風景を伝えた。でも、それはキリスト教徒が同じアマン派に長らくやってきたことだ。ヨルダン人パイロットの焼殺に顔を顰《しか》めるが、それも欧州では魔女狩りの名で18世紀まで400年やってきた。

イスラム国は欧米白人の「鏡」

そのイスラム国に囚われたカトリック神父の脱出記が朝日新聞に載っていた。

神父はシリア中部の修道院にいるところを捕まえられた。それがキリスト教徒に捕まったイスラム聖職者だったら直ちに最高の残忍さで殺されるのが歴史の形だった。が、神父は生かされ、イスラム国の首都ラッカに連行され、改宗を勧められる。死を覚悟して断ると、次の条件を出して釈放された。

「十字架を他人に見せないように」

「祈りの言葉は他に聞こえないように」

「人頭税を払え」

「そうすれば財産は没収しない」

いまのイスラム国は欧米白人たちを映す鏡に見えるが、白人たちよりはるかにまともに見える。もちろん日本人から見れば、見下ろすぐらい次元は低いが。

（2016年1月号）

日本は国連から手を引き国連大学も廃校にせよ

ユネスコに続き日本の女子高生売春まで捏造報告するとは

中国共産党はおこぼれ戦勝国

連合軍総司令官のマッカーサーは昭和20年9月2日、東京湾に浮かべたミズーリ号艦上で降伏調印式を行った。

その日、マッカーサーは涼しい艦橋の中にいた。重光葵がランチからタラップを上ってきて甲板の上で暑い9月の日差しにうだり切って立ち尽くしているころを見計らい、彼は悠々艦橋のドアを開けて調印式場に降りていった。

しかし気取って降りてみたものの重光の姿はなかった。彼は上海・虹口公園で米人宣教師の手引きで潜り込んでいた朝鮮人のテロに遭い、片足を失っていた。不自由な身だからタラップを上るのに時間がかかった。彼を待って汗ばんだのはマッカーサーの方だった。つまらない計算をして。様はない。

そういうわけで連合軍はこの9月2日を対日戦勝記念日「VJデー」にした。トルーマンは独立記念日並みの国家祝日にしたが、彼が死ぬと9月2日はもう休日でもなくなった。

中共は胡錦濤のころから対日戦勝記念日を祝うようになったが、なぜかその祝日は9月3日に設定された。一つには中共はまともに日本軍と戦ったことも、ましてや勝ったこともない。ありていにいえば中共の敵だった蔣介石の国民政府軍が米国の傭兵となって日本と戦い、負け続けた。でもおこぼれで戦勝国にしてもらった。

つまり今の北京政府は米国に雇われたこともない。おこぼれ戦勝国を口にする権利もないから、9月2日ではおこがましい。で、1日遅れにした、時差を考えれば2日で祝う欧米と一緒の時をもてる。何となしにストーカーの自慰行為にみえるが、それは措く。

当日、天安門の上で習近平と並んだ中にブルガリア女の顔があった。国連ユネスコ事務局長のイリーナ・ボコバだ。

彼女は習近平と親しく会談もし、土産も貰った。そして翌月、彼女は独断で習近平が申請した南京大虐殺をユネスコの記憶遺産に登録した。いくらもらったかは知らないが、わかりやすいヒトだ。

「3人に1人が売春」と発表?!

田原総一朗は「否定できるのか」とか馬鹿をいう。南京大虐殺は米国がつくり、朝日新聞が育てた嘘だ。虐殺などがなかった証拠は朝日の調査部にある。あのとき南京に80人の記者カメラマンを置いて、撮影も取材もしているが、そこには虐殺のギの字も記録もない。本多勝一はだから嘘で構成した『中国の旅』を連載するとき、一度も調査部に足を踏み入れていない。

日本は怒る。いまユネスコの総予算54億円のうち3分の2を超える37億円を出しているが、ボコバの不正を糺すために止めようと考えている。

それを検討中の10月下旬、今度は国連の児童買春問題特別報告者マオド・ブキッキオ（オランダ人）が東京で記者会見して「日本の女子中高生の30《パーセント》が売春している」（産経新聞）と発表し「もはや看過できない国際問題。国連にこの事態の報告を上げる」と偉そうにいった。

3人に1人が売春ではオランダの飾り窓並みだ。ふざけた数字を不審に思った同紙が国連に問い合わせると「30《パーセント》は13《パーセント》の聞き違え」と説明した。数字の根拠は相変わらず「出さない」。これでは英文毎日のライアン・コネルが書いた「日本の受験生の母はわが子にフェラチオをしてやる」と変わらない。
日本政府の抗議に「発言を取り消す」「報告しない」とこの女は答えた。結局、侮日のための嘘だったということだ。

雅子さまも通われていた大学

それは彼女の祖国オランダの国民性が深く関わる。先の大戦で虎の子の蘭領東インドを失って貧乏になった。その恨みが深い。でたらめの告発で200人以上のＢＣ級戦犯を処刑し、戦時賠償は取らないと表向きはいいながら、裏で2度も賠償を脅し取った嘘つき国家だ。２度目は昭和天皇の御大喪の２年後にベアトリクス女王が申し入れている。因みにその御大喪には世界中の王室が列席したが、オランダ王室だけは欠席した。

雅子妃殿下の親交が厚いことで知られる王室だから、あまりひどいことをいいたくはないが、王室以下の侮日姿勢にマオドが染まっていたのは間違いない。因みに彼女がこの嘘報告を創るための日本への大名旅行費も彼女の高給もすべて国連分担金から出される。日本は過去、その20パーセント600億円（いまは300億円）を出してきた。ユネスコ同様、その分担金も止めてしまうべきだろう。

雅子さまの話が出たついでになるが、妃殿下が公務はお休みになりながらしきりに通われていた場所の一つに青山通りの国連大学がある。総御影石づくりの建物には雅子さまのお部屋もあると聞くが、ここは日本が誘致してその維持費7千万ドルはほぼ日本が負担する。

しかしそこで行われるのは北朝鮮と親しい元副学長武者小路公秀のシンパによる反日セミナーが多く、たまに創価学会と親しい小和田恒の講演もあると聞く。

ここで禄を食んだ中にインド人のラムシュ・タクールがいて、ジャパンタイムズに日本の悪口ばかり書き並べている。

菅直人を大好きなイラン女性

ほかに国連訓練調査研究所（UNITAR）広島事務所がある。ここの維持費も大方を日本が負担し、例えばかつてアラブ産油国の奥座敷で、今は分裂中のスーダンをどうするとか、関係国が処理すべき問題をここでやっている。

ここの所長を務め、いまも高級顧問の名でたかっているのがイラン人女性のナスリーン・アジミだ。

彼女は民主党の菅直人が大好きという異常な性格で、東日本大震災のあと「被爆国の日本はなぜ原子力発電に固執するのか」「なぜ原発をやめないのか」と国連職員分際で日本に説教を垂れ続ける。

オランダもイランもブルガリアも半分破綻国家だ。自分の国の始末もできずに日本にたかり、根拠のない嘘や中傷で日本を貶めようとする。

こんな連中ばかりがのさばり、もっと有害な中共が拒否権を持つ国連。日本は本気で足抜きを考えたい。

（2015年12月号）

「新幹線計画」逆転にみる忘恩の民・インドネシア

日本製に決まるはずが支那の横取りでひっくり返ったが

「唐辛子の粉」を傷口と陰部に

先の戦争で付き合いが始まったインドネシアと日本の関係はすこぶる良好のようにいわれてきた。

なぜなら、日本軍は先の戦争の折に彼らをこの世の地獄から救ったからだ。

それまで彼らを支配したオランダ人は韓国人のように性格が悪く残忍で、インドネシア人の生存権も認めなかった。

例えばファン・デン・ボッシュ総督はこの豊穣の地で水田耕作をやめさせコーヒーやサトウキビなど換金作物を作らせた。結果、生じた飢餓でジャワの人口の3分の1が餓死した。

J・レムレフ検察官がスマトラの農園を調査した報告書が残る。

「オランダ人ムーンスは繭の数が足りないことを咎めて身重の年若い女アチナを裸にして籐の鞭で打ち据えた上に腹を蹴った。彼女は2週間後に死産した。胎児の左頭部は陥没し左目はなかった」

「農園主ヨンゲスは些細な粗相をした若い女使用人を裸にして鋲のついた皮ベルトで殴り、血まみれの2人をベランダの柱に大の字に縛り付け、唐辛子の粉を傷口と陰部に擦りこんだ」

そんな地獄に昭和17年3月、今村均中将以下の日本軍が上陸した。

8万人のオランダ人は、インドネシア人に鉄砲を持たせて最前線に送り、自分たちはバンドン要塞にこもった。

日本軍は抵抗するトーチカ群を叩いて前進したが、トーチカの中は足を鎖でつながれたインドネシア兵ばかりだった。

「土人たちの盾」が崩れるとオランダ人は1週間だけお体裁の戦争をして白旗を揚げて降伏した。捕虜収容所に入って終戦までのんびり暮らすつもりだった。

捕虜の中にはインドネシア兵もいた。今村は彼らの処遇に困って捕虜収容所に入る前に、親元に無事な顔を見せてこいと貴重な塩を持たせて解き放った。

だれも戻ってこないと思ったら全員が戻ってきた。その純朴さを見て今村は彼らに白人から自分の国を守る軍隊ペタを持たせることにした。

英蘭軍に徹底抗戦した防衛軍

今村はまたセレベスもスマトラもみな別の言葉を話すのを知ってジャカルタの言葉を標準語に決め、すべての島に学校を作って普及させた。

共通の言葉は彼らに仲間意識とインドネシア人としての連帯意識を植え付けた。英国の分割統治の結果、いまだにヒンズー語だのビハール語だの15の言語に仕切られ、お互い憎み、殺し合うインドとは好対照だった。

日本が降伏を呑んだ翌々日、スカルノとハッタは仏印ダラトに飛び、寺内寿一南方方面軍司令官から独立承認をもらった。このときスカルノは「たった3年間で人々をインドネシア人として目覚めさせ、軍隊まで作ってくれた日本」への感謝を語った。ジャカルタに戻った彼はその思いを込めて皇紀2605年8月17日の日付で独立を宣した。

日本軍が退場したあと英蘭軍が戻ってきて元の蘭領東インド、つまり植民地支配機構を復活しようとした。人々はしかし昔の唐辛子を擦りこまれて泣いているだけの民ではなかった。

人々は同じ言葉で団結を語り、英蘭軍に徹底抗戦した。常に先陣を切ったのは日本軍が作った祖国防衛軍ペタの兵士だった。彼らは4年間戦い、80万人失ってやっと独立を認めさせた。

スカルノは6億ドルの賠償金を

ただ条件があった。認められた独立は日本が認めた独立ではなく、米国以下の白人国家が認めた独立だった。

どういうことかというと、インドネシアの独立は寺内が承認した「皇紀2605年8月17日」ではなく「侵略国家日本の支配を白人国家の協力で脱した西暦1945年8月17日に独立した」ということにさせた。

首都ジャカルタの中央にスカルノが建てたインドネシア独立記念塔がある。

その地下にはこの国がたどった独立までの苦難と栄光がジオラマで展示されている。のっけにオランダ船が来るが、彼らの残忍な植民地統治には一切言及がなく、彼らの持ち込んだ西洋文明が語られる。やがて日本軍が来て白人を追い出すとパネルは「日本軍が占領して、資源と労働力を搾取した」と説明する。

　そして終戦。戻ってきた白人植民地主義者に抵抗し、多くの死傷者を出すことになるが、ジオラマではそれは触れない。代わりに人々がマランの日本軍兵舎を襲い、武装解除した丸腰の日本軍兵士を殺して武器を奪う情景が登場し「侵略者との戦闘」とパネルは説明している。

　白人が作った戦後世界の国際秩序では日本は「侵略国家」で「アジアで残虐に振る舞った」（村山談話）ことになっている。スカルノがそれを否定して彼らの嫌がる事実を展示すれば、日本さえ叩き潰した「白人様の国際秩序」に逆らうことになる。国家の生存も危うくなる。

　だからスカルノは目をつぶった。恩義を捨て、ついでに侵略国日本の被害者を装って6億《ドル》の賠償金を日本から取った。白人様に付き従う方が金になる。付録にデビ夫人もついた。

ジョコ大統領のふざけた対応

　スカルノが失脚した後もインドネシアは日本に侵略を口実にたかり続けた。その一つがパレンバン攻略の舞台になったムシ川の架橋だった。日本は勝関橋より立派な橋を架けてやった。完成した橋は「アンペラ」橋と名付けられた。

意味は「侵略によって虐げられた者への償い」だ。彼らは自国の見苦しくも哀れな時代を知らない。日本のこともジオラマで学んだだけ。日本は悪いといっていればそれでいいのだと大人の政治家もいう。そうすれば儲かると。

ジャカルタとバンドンを結ぶ新幹線計画が土壇場でひっくり返され、支那が横取りした。ジョコ大統領は裏切った。自分の国が儲かればいいぐらいに思っている。ふざけた男だ。

でもジョコは日本人を知らない。日本人は不実な国と見做したら徹底して嫌う。支那、韓国を見るがいい。

（2015年11月号）

日本人には許さない?! 諷刺は「白人の特権」だ

シャルリを支持する大集会の一方で下品と傲慢さも目立つ

読者を〝踊らせる〟朝日の手法

昭和40年代の10年間は「戦前」と「戦後」の境だった、といわれる。いま振り返っても三島由紀夫が割腹し、横井庄一が戻ってきて、田中角栄が登場し、連合赤軍が左翼の行き着く先を見せた。

それがどう「戦前との境界線」になるのかは別稿に譲るとして、あの10年間の混沌の最初のヤマは昭和43年だった。

この年はまず金嬉老が出て在日差別を口実にまんまと死刑を免れ、次に少年法に守られた永山則夫が4人を殺した。東大安田講堂落城もこの年にあり、追いかけるように『ビルマの竪琴』の著者で東大教授竹山道雄を朝日新聞が抹殺した。

竹山は米原子力空母エンタープライズの佐世保入港について朝日の取材を受け、支那、ソ連の核の脅威を語り、だからエンプラも必要だし、そもそも「核アレルギーは（朝日などによって）意図的に創られたもの」と批判した。

竹山を反戦文化人の1人と思い込んでいた朝日は、この発言を裏切りと受け止め、読者の投書を装って「竹山は人非人」攻撃を始めた。福島瑞穂タイプの嫌な女はけっこういる。ついには彼も彼の著書もこの世から葬ってしまった。

朝日は馬鹿な読者を踊らせる技術には長けている。馬鹿な読者を装ったり、焚き付けたり。劉少奇を社会的に抹殺した毛沢東の文革の手法に似る。

その朝日がこの年に最も持ち上げたのが、6月の神田カルチェラタン騒ぎだった。そこで踊ったのは、中大を根城にした社学同（ブント）の連中。その1か月前、パリのカルチェラタンを学生が占拠した。大学の女子寮に男子が入れないのは、権力の横暴だというさかりのついた若者の抗議が発端で、1か月以上にわたる騒動となった。

「シャルリ」は左翼崩れの巣窟

朝日とブントがこれを真似て「神田をカルチェラタンに」と呼びかけ、愚かな中大生らがそれに乗り、校舎から机や椅子を持ち出して御茶ノ水の通りをバリケード封鎖した。しかし、封鎖と同時に機動隊が出て排除され、半日で消滅した。

　真似っこカルチェラタンで気勢をあげた連中は、いわゆる団塊の世代に当たる。経済は放っておいても右肩上がりで、落ちこぼれでさえいい就職ができ、人並みに出世もした。人生の成功者のつもりになって、オレたちは世直しに真剣だった、完全燃焼したとか今も無反省に語る。

　対して本場パリの連中はどうなったか。あっちに高度経済成長はなく、出世には身長180センチ《センチメートル》以上、いい家柄と仏国立行政大学院（ＥＮＡ）の卒業証書がいる。左翼学生運動崩れには就職口もない。

　そんな食い詰め者が集まって立ち上げたのが「シャルリ・エブド」だった。

　フランス人は自由、平等、博愛に生きる世俗共和主義者を装う。

　王制はルイ16世の首を刎ねたときに決別したし、人は肌の色や宗教で区別もしないことになっているが、心の奥底ではその真逆。白人キリスト教徒であることを誇り、中東のイスラム教徒も黄色いアジア人も見下し、その一方で王室を持つ英国に強い嫉妬を感じている。

日本人の諷刺には怒鳴りこむ

そんなねじれた心情に加えて「女子寮に入りたい」下品さと落ちこぼれの劣等感も合わせるから、シャルリの記事は下品と傲慢さだけがやたら目立つ。

ブルカをまくった女のセミヌードや自爆テロに「待て。もう処女はいない」と呼びかける図はその典型だ。

これはジハード（聖戦）に殉じた者は「72人の処女が待つ天国に召される」というイスラムの教えに、今どきの女に処女などいないよと嘲る。趣味のいいジョークとは決していえない。

それでもフランス世論は「これは立派な諷刺。それを冒瀆ととり、テロで報復するなどもってのほか」と非難した。

パリでは独メルケル、英キャメロンも加わってシャルリ・エブドを支持する200万人集会も開かれたが、では彼らはこの種の諷刺、揶揄にそれほどに寛容なのか。

個人的な話になるが、その昔、オランダの話を新聞に書いた。昭和天皇がご訪欧されたときオランダでお召し車に鉄製の湯たんぽがぶつけられた。植樹の木も引き抜かれた。先の戦争の恨みが口実だが、その戦犯裁判で堀内豊秋大佐は「日本人だから」（ティウォン蘭軍裁判長）死刑にされている。

高松宮さまはこの判決に驚き、当時のユリアナ女王に助命を嘆願したが、彼女はそれを無視。その娘ベアトリクスは昭和天皇の御大喪を故意に欠席し、その2年後に訪日し、今上天皇に異例の2度目の戦時賠償を要求し、実行させた。因みにオランダは直接侵犯したドイツには戦時賠償は1マルクも要求していない。

コラムでは江戸時代末期にこの国を訪れた旅芸人一座の座長が「国わるし人も悪し」と書いたのを引用して「先人は目利きだった」と締めた。

これに駐日オランダ大使が怒り、編集局長にこの記事を取り消し、謝罪しろといってきた。オランダ政府が日本の言論を封殺しようとしてきたのだ。

こちらは中傷したわけでなし、彼らの素顔を伝えただけだ。それが醜ければ醜い振る舞いをした自分たちの責任だろう。もちろん社は要求を突っぱねた。

日本人を猿に擬す『猿の惑星』

これが示すように彼らは好きに周りを諷刺してもいいが、それを非白人にやられるのは好まない。断じて許さない。

イーモバイル社が猿に「チェンジ」といわせるCMを出したらCNNも東大教授のロバート・キャンベルも「猿に擬すのは差別、非常識」と日本人を叱った。

しかし『戦場に架ける橋』の脚本を書いたピエール・ブールが「日本人を猿に擬して」と公言して作った『猿の惑星』についてキャンベルは何もいわない。

もしかしたら、CNNもオランダ大使も諷刺とか揶揄の類いは優れて白人の特権と思っているのではないか。

ちなみに辻元清美の元連れ合いがシャルリの下品な諷刺画を日本で出版した。こういうのは猿の浅知恵といっていい。


（2015年3月号）

白人優越主義の決まり文句　日本人は残忍で人肉を食う

無慈悲で嘘つきの殺戮者はキリスト教徒のトルーマンなのに

ヒトラーと握手した五輪選手

「戦前の1マイル競走の米記録保持者ルイス・ザンペリーニが97歳で亡くなった」という死亡記事が先日のニューヨーク・タイムズに大きく載った。

日本とも深い縁をもつことになる彼は1934年の全米インターハイで1マイル走（約1千600メートル）を4分22秒で走った。この記録は以後20年間、破られなかったというから今のウサイン・ボルトみたいな存在だったのだろう。

イタリア系の彼はこの偉業で南カリフォルニア大（USC）の特待生に、さらに'36年のベルリン五輪にも出場した。

入賞は逸したものの、なぜかヒトラーに気に入られ、大観衆注視の中で総統と握手もしている。

次の東京五輪ではメダル確実視されたが、真珠湾がその機会を奪った。で、しょうがない。彼は米空軍に入った。重爆撃機B24「リベレーター」の機関砲手がその任務だった。

そして'43年5月27日、彼の機はホノルルを離陸して前線基地に向かう途中、エンジン故障を起こして不時着水する。乗員は救命いかだに移って漂流し、47日目にクエゼリン島に漂着。ここで日本軍守備隊の捕虜になった。

南洋の戦場は飢餓に加えてマラリアやデング熱もはやる。日本兵の多くもそれで倒れる、まさに瘴癘《しょうれい》の地だった。

日本兵は逃げ出すわけにはいかないが、米軍の捕虜は伝染病のない日本に後送することはできた。日本軍の計らいでザンペリーニも日本に送られ、直江津の捕虜収容所で終戦を迎えられた。

解放された彼は米空軍機で懐かしいロス南郊のトーランスに戻った。

サディスティックな「日本軍」

ハミルトン基地に降り立った笑顔の彼の写真がニューヨーク・タイムズに載っていた

が、アウシュビッツから救出されたユダヤ人と違い、顔の色つやもいい。あのころ日本人は芋とニシンの干物を食っていた。まああの収容所待遇だったことが窺われる。

ザンペリーニはこの縁で'98年にあった長野五輪に招かれ、聖火ランナーを務めている。「私の競技生活の中で一番遅い走りだった」というユーモアある感想が残る。

このとき直江津収容所の当時の看守と再会して昔を語ったという。大阪の高校で特別コーチもやったという記事もあるから、何度か来日はしていたようだ。

しかし、長野五輪から3回目のバンクーバー冬季五輪が開かれたとき、日本とザンペリーニの関係は暗転した。

その年、動物ものの作家ローラ・ヒレンブランドが彼を題材にした「Unbroken（不屈の人）」を発表した。これがヒットした。ニューヨーク・タイムズの週間ベストセラー欄のノンフィクション部門でトップを3回取り、13週連続してベストテン入りした。

なぜ、当たったか。

作品の中でザンペリーニは地獄の試練を、タイトル通り不屈の男として乗り越えていく姿が描かれている。

最初は鮫の海だ。47日間も鮫の襲撃に耐え、仲間を失いながら生き抜き、やっと島に漂着する。しかしそこは鮫より残忍でサディスティックな日本軍の「処刑の島」だった。仲間は次々処刑され、あるいは生きながら日本兵に食われて死んでいった。

ベルトで殴る残忍な渡辺伍長

いよいよ彼の食われる番になって、ヒトラーと握手した有名選手と分かり、日本に送られる。

そして収容所で待っていたのが残忍な渡辺伍長だった。伍長は彼を苛め、ときに「鋲を打った革ベルトを抜いて、ハンマー投げのようにしならせて先端のバックルを彼のこめかみにぶちつけた」「ザンペリーニは失神」した。

しかし、この残忍な国、日本は最後に米国の原爆投下によって屈服させられる。ザンペリーニ以下、収容所から救出された米国人捕虜は汽車で東京に向かう途中、焼き尽くされ、何もない広島の爆心地を車窓から眺め「美しい」と語る。

悪い日本をやっつけた正義のアメリカの姿がそこにある。

ヒレンブランドは、バージニア州フェアファクスの農場で育った典型的な白人女性だ。彼女の生家の近くには初代大統領ワシントン所有のマウントバーノンの農場もある。400人の黒人奴隷がそこで働かされ、歯の悪い大統領は奴隷の生きた歯を抜いて総入れ歯を作った。

彼女は作品の中で「非白人で非キリスト教徒の日本人」を「無慈悲で残忍な野蛮人」と繰り返す。その対極にあるのが慈悲を知る白人キリスト教徒なのだ。

残忍の象徴、渡辺伍長はベルトで殴るが、日本兵の袴下のベルトは紐だ。士官のベルトもズック製でバックル（尾錠）はちゃちな金具だ。しなりもしない。殴って失神もさせられない。鋲打ちベルトはバージニアの農場主がかつて黒人奴隷を打ち据えるのに使ったものだ。

悪魔の日本人は人肉を食う。同じ嘘をニューヨーク・タイムズのクリストフも書いていた。パターン化が見え透く。

ハリウッドで映画化が進行中

対して彼女は「白人の慈悲」を繰り返す。原爆投下も事前にビラを撒いて退去を勧告したと。「それは嘘だ」と東京裁判のレーリンク判事が証言している。「米国は500年先に宛てたタイムカプセルに広島の記録映画を入れ、その中で3度事前警告したという嘘を入れた」。無慈悲で嘘つきの殺戮者はキリスト教徒のトルーマンだったと。

慈悲とはマラリアの流行る戦場から外国人捕虜を安全な日本に送る日本軍の行為を指すものだろう。

この偽りに満ちた作品の映画化の話が当時あった。立ち消えになったのはあの3・11があったからだ。さすがに原爆を「美しい」という作品をあの時期に作るのはまずいと思ったか。

それももう時効だと、ハリウッドで映画化が進められていると聞く。こんな国と付き合うことにうんざりしてくる。

（2014年8月号）

第5章

日本の外交官はすぐに逃げ出す

「安倍談話」の背後にみる日本人作法の素晴らしさ

「海の天才」仏建艦技師ベルタンに対する日本人の礼に学ぶ

「鬱になったら日本を叩け」と

明治維新政府はついそこまで来ている欧米列強の脅威に対抗するために足早な近代化政策をとった。

近代化には欧米の手を借りるやり方がある。隣の西太后がやったようにお気に入りのドイツ人に支那の電気事業のすべてを委ねてしまうやり方だ。

彼女は鉄道も列強に任せた。自分たちでやるより遥かに手っ取り早く、すぐにもその利便性に与《あずか》れるからだ。

ために支那ではいまに至るもまともな鉄道技術や電気事業が育っていない。

東日本大震災があった年の7月、杭州市双嶼の高架上で故障のため停まっていた新幹線もどきに別のもどきが追突。ぶつけられたほうの先頭4両が20メートル下に脱線転落した。

40人が死んだ事故は、物真似でも世界一とのぼせていた支那人を落ち込ませた。

しかし、北京政府はみんなに鉄道の勉強を始めるよう指導する代わりに穴を掘って事故車両を埋め、さらに政府系ネットで「黒竜江省方正県に満州開拓団の慰霊碑が立った」と伝えた。

みんな出かけていって碑を打ち壊した。「鬱になったら日本を叩け」。これで明日からみんな元気に働けると思ったか。

日本人は西太后のやり方は採用しなかった。代わりにお雇い外国人を入れて学び、技術を身に付けていった。

お雇い外国人はいい人が多かった。例えば鉄道のノウハウを指導した英国人エドモンド・モレルはレールゲージをアジア植民地の規格より7センチメートル幅広にして独立国日本の意気を示し、枕木は英国から輸入する手はずだったのをやめて国産材に切り替え、外貨節約に貢献した。

ペリーの真似をした支那軍艦

自身、結核を患いながら仕事に取り組んだが、第1号車両が彼の住む横浜駅に着く前に亡くなった。30歳だった。彼の功績と尽力を称えて、今でもＪＲ系のホテルは彼の名を冠している。

宮廷の儀礼などを担当したドイツ人オットマール・フォン・モールは日本人の独自性を尊び日本式の着物を勧めた。

しかし伊藤博文が断固反対した。足軽上がりの伊藤にとって着物はいつも尻を絡げさせられていた。それがトラウマとなって着物嫌いにさせた。

お雇い外国人の中には米国人ヘンリー・デニスンのような者も交じる。彼は日本人が一番弱い外交問題の指導に当たったが、モレルとは逆。米国と裏で通じて例えばポーツマス条約のように日本封じ込めに動いた。カネに汚い、心根も汚い男だった。

明治18年、清はドイツから8千トン級の新鋭戦艦定遠と鎮遠を入れた。翌19年から支那の戦艦は毎年のように日本にやってきた。ペリーの真似をして東京湾に入り、勝手に瀬戸内海を抜けた。長崎に上陸して町を荒らし、交番を襲い、斬り合いになって巡査が殺された。

日本側にはかなう軍艦はなかった。長崎の騒動では脅されるまま日本が賠償金を支払った。なんだか今の習近平海軍を思わせる傍若無人さだ。

待ったをかけた左雙左仲技官

日本側は急ぎ海軍の補強を決め、当時「海の天才」といわれた仏建艦技師エミール・ベルタンを呼び、小型艦艇を含む日本海軍の建設を委ねた。

彼は日本の予算を見て8千トンの定遠鎮遠には4千トン級の海防巡洋艦4隻で当たる構想を立てて建艦を始めた。

ベルタンは利益誘導でうち2隻をフランスで造らせたが、最初の1隻を見て日本側は仰天した。定遠の半分のサイズもない船に定遠並の32センチ大口径砲を搭載している。砲がでかすぎだ。実際、日清戦争で何発か撃ったが、発射後15分間は艦が動揺して人も動けず、副砲も撃てなかった。

それよりなによりその1号艦の主砲は後ろ向きに据えられていた。敵と遭遇したら即180度回頭し、後ろ向きで敵艦とまみえろというのか。

ベルタンは2隻の主砲は前向き、残る2隻は後ろ向きに据える。そうすれば敵艦がどこから来ても戦えるだと。

「日本の国運を彼には託せない」とベルタンの建艦続行に待ったをかけたのが金沢藩出身の左《さ》雙《そう》左《さ》仲《ちゅう》海軍技官だった。

政府は困惑したが、左雙の主張は十分に頷けた。検討の末、左雙のいい分を採用することにした。

相手がどんなに世界的権威だろうと白人様だろうと日本は臆することなくノーを突き付けた。

すでに建艦が始まっていた2番艦3番艦は前向き砲で造られ、4番艦はキャンセルされ、ベルタンは日本を去った。

日本政府はもしかしたら日本を敗戦に追い込むかも知れないこの滅茶苦茶な設計に対し、一切のコメントを控えただけでなく、彼には明治天皇手ずから旭日章を授与して表向き彼を称えた。

さらに、1隻キャンセルを隠すために3艦は日本三景の「松島」「厳島」「橋立」と命名した。日本は三艦だけ注文した風に装ったのだ。

世界の群像を描いた首相談話

1894年、黄海海戦に勝った伊藤祐亨提督はベルタンに「強力な装備と知的設計で支那の装甲艦に対し鮮やかな勝利を収めることができた」と書き送っている。どこまでも奥ゆかしかった。

そしてずっとのち、明治天皇は日本海軍を救う提案をした左雙左仲にベルタンより格上の勲一等旭日大綬章を授与。彼の嗣子には男爵位が授けられた。

終戦70周年に安倍首相談話が出された。それまでの談話は「日本は国策を誤り、アジアを侵略してみんなに迷惑かけた」という日本しか登場しない独り相撲史観だった。GHQ史観と同じだ。

それが今回は背景に世界の群像を描き、それぞれがエゴをむき出しにして歴史の中で格闘する姿を描いている。

「大恐慌後、欧米列強は植民地を含めてブロック経済化を図った」下りはそれぞれの国に色々思い出させただろう。

世界の不作法を知りながら、なお礼をもって語られた談話。日本人の作法はいまも生きている。


（2015年10月号）

逃げ出すのは天才的な日本の外交官を見倣おう

朝日新聞やＮＨＫは偉そうに「取材の自由」を主張するけれど

堀口九萬一や白鳥敏夫の威信

昔の外交官は国の威信を担っていた。１９１３年、メキシコで起きた軍事クーデターで時の大統領マデロが殺され、その家族が日本公使館に逃げ込んできた。公使・堀口九萬一は追ってきた兵士の前に日の丸を広げ、大統領夫人を捕えたいならまず我を撃ち、日の丸を踏みつけて館内に入るがいい、日本と戦争する覚悟でかかれと大音声した。

日本が白人超大国ロシアを負かしたのはその数年前のことだ。クーデター将兵は恐れをなして引き下がった。堀口は大統領の妻子を国外に脱出させるところまで面倒を見た。

後に戦犯として巣鴨に引っ張られた白鳥敏夫も大した男だった。

外務省情報部長時代、満州国が建国される。欧米諸国は自分たちの植民地支配は棚上げし、満州国を日本の傀儡《かいらい》政権と批判、日本政府が満州国を独立国と承認するのを手ぐすね引いて待っていた。

しかし、半年たっても日本は承認を宣言しない。しびれを切らした米人記者が白鳥に偉そうに糾《ただ》した。

彼は「日本は急がない。別に運河を造るわけではないから」と答えた。

米国がコロンビアの北端の州パナマに独立運動を起こさせ、それを支援して傀儡政権を建て、パナマ運河用地を手に入れた。日本はそういうやましい魂胆で満州人の国を建てたわけではないのだという皮肉を込め、白人国家の薄汚さをきっちり告発した。

しかし、戦後はこういう骨のある外交官は消えた。

腑抜けな日本大使たちの行状

'74年、クウェートの日本大使館が日本赤軍に乗っ取られる事件があった。

シンガポールで捕まった和光晴生ら日本赤軍の仲間を助けるために別の一派が大使館を襲った。

あのころの日本政府は腰抜けだった。犯人の言うなりに日航機を飛ばし、シンガポールの犯人グループをクウェートに運んだ。さらにクウェートの赤軍も一緒に乗せてイエメンのアデンまで全員を無事に送り届けた。

それも呆れるが、クウェートの日本大使石川良孝にはもっと呆れる。彼は大使館が襲われたと知ると、女性職員の更衣室のロッカーに逃げ込んだ。文字通り女のスカートの陰に隠れた。

一味に引きずり出されると外務省に「彼らのいう通りにしてくれ、助けて、死にたくない」と涙声で命乞いを繰り返した。

外務省は国の威信や国益より仲間の方が大事だ。それで前述のように抗うことなしに日航機を飛ばさせた。

石川大使の無様な肉声は国際ニュースとして世界に流された。

腑抜けは彼だけじゃあない。その10年後、レバノンで内戦が起きると日本大使館はいち早く閉鎖、隣のシリアでのんびり執務した。

'90年、イラクがクウェートに侵攻すると日本大使館は在住邦人をまとめてサダムに引き渡し、自分たちはさっさと逃げ出した。邦人504人は３か月間、サダムの人間の盾にされた。

外務省から新聞社宛てに連絡

'03年、米国はそのサダムに大量破壊兵器所を持っていると言い掛かりをつけて戦争を吹きかけた。火ぶたは3月20日に切られたが、イラクの日本大使館が閉鎖したのはその1週間も前だった。テルアビブの大使館も店仕舞いした。世界のどの国より逃げ足は速かった。米国は石川大使の涙声と日本の外交官の逃げ足の速さを見て、戦後の自虐史観の吹き込みによって日本人の背骨をここまできれいに抜き取れたことをある種の感慨を込めて眺めたものだ。

しかし、この臆病なまでの外務省の姿勢はそれなりに役に立つこともある。

わたくし事になるが、'90年代初めにアジア大陸を車で横断しながら各国の事情をルポする旅をしていた。

次の国に入る前に取材ビザを取る。ところが一番取材にうるさいイランの大使館が、一旦受け付けながら「観光で入国していい」とビザ発給を拒んだ。インドでも次のパキスタンでもそうだった。

ヘンだなと思っていたら、新聞社宛てに外務省から連絡がきた。「取材班の高山某はイランを痛烈に批判した『鞭と鎖の帝国』の著者と同一人物と思われる。入国の場合は不測の事態が予想される」

イランの知り合いに電話してみた。

「あなたの著書に名が出た人が尋問されている」「入国は危ない」という。

日本大使館に近い筋にも電話した。

「あなたが100の批判を書いたとしたら、1の批判を書いただけの日本大使が3日間勾留された。日本の恥になるから伏せてある」「特権を持つ外交官でさえそんな状態だから、あなたが入国したらどうなるかはいわないでも分かるだろう」

イラン人はあれで義理堅い。通行の安全を保証したビザを出しておいて入国したところを拘束なり逮捕なりをすることを潔《いさぎよ》しとしない。

「捕まれば日本政府の厄介」に

その義理堅さと外務省の臆病なまでの危険予知能力のおかげで、危ういところを助かった。うっかりノービザの観光で入国していたら、いまもまだエビン刑務所に繋がれていたかもしれない。

外務省の臆病に乾杯したいと、一瞬だけ思ったものだ。

イスラム国を取材しようとしたフリーカメラマン（58歳）に対し、外務省は面談と口頭で計3回の渡航中止要請をした。

男はなお渡航を企てたため、外務省は旅券没収処分とした。

危険には超敏感な外務省が3回も中止要請をするのはただ事ではない。朝日新聞やNHKは偉そうに「取材の締め付けだ」とか非難するが、彼らはフリーの記者やカメラマンに取材依頼はしても万一のときは逃げてしまう。

カメラマンも食えない。取材の自由だ、余計なお世話だといいながら、捕まれば結局は日本政府の厄介になる。

そんなに取材したければ、韓国に帰化し、そこから行けばいい。そうなれば誰も渡航を止めないし、心配もしない。

（2015年4月号）

朝日新聞が好んで起用する東郷和彦は日本の外交官か

親の七光りで外交官になって日本人の悪口を並べたてるとは

自国語を捨て支那語に変えた

韓国の国民性を象徴するのは「跆拳道《テコンドウ》」ではなかろうか。

戦前、船越義珍の松濤館で空手を習った朝鮮人の崔泓熙が国に戻って勝手に崔流の空手道場を開いた。

そのうち、これは新羅の時代にウリナラの祖先が発明した古武道だ、日本の空手はそれを真似たものだといい出した。

そして「日帝支配時代に跆拳道を知る者はすべて捕えられ、殺され、跆拳道の伝統は歴史の闇に葬られた。それを崔が復活させた」（成美堂出版『跆拳道』）という嘘が出来上がった。

「甦った韓国の武道」はＩＯＣに売り込まれ、どんな手を使ったか、ついには五輪の正式種目にしてしまった。

これに気をよくして「実をいうと跆拳道だけじゃない、剣道も茶道も華道もみな日帝がウリから奪っていった」といまはいっている。

竹島も慰安婦も含めて、彼らは最初にまず嘘を捏ねる。捏ねているうちに彼らの異様な自意識と被害者意識とで自己陶酔に陥り、そこで思考が止まって我を忘れた暴走が始まる。

それも尋常じゃない。放っておけば自分で腹を刺すわ、火はつけるわ、民族丸ごと統合失調症みたいになっていく。

で、なぜかくも身をよじる興奮に簡単に陥っていくのか。答えは彼らの遣う言葉にあると分析されている。

彼らにはもう一つの特性、事大主義があって、遥か昔に自分たちの言葉（朝鮮古語）を捨てて支那語に走った。例えば有難うは「感謝（カムサ）」になるし、泣くは「哀号」になる。

民主主義概念は理解の向こう

漢字に置き換えられない言葉は切り捨てたから、極端に語彙が不足する。泣くのにも嬉し泣きもあれば怒りの涙もある。でも言葉は「哀号」だけだから、ホントに哀しいときは地面を叩き、身をよじって「哀号」と叫んで表現する。

怒りも「怒」だけ。ただ「ド」は舌が短いので発音できないから「ノ」と訛る。盧泰愚はノテウとしかいえない。

せっかく怒るのに怒がノでは気も抜けるから、つい手が出る。喧嘩っ早いというのもこの語彙不足に由来する。

新しい語彙がほしくても支那から漢字になって入ってくるのを待つしかないが、その支那がまた語彙が少ない。

支那語には動詞形容詞といった品詞も、現在過去の時制もない。英語でいうピジン・イングリッシュみたいなものだ。だから表現力も劣る。石平は日本語の「優しい」を支那語に訳すには「善良、慈悲、懇切、温和など10個くらい並べねばならない」と書いている。

そんな粗末な語彙土壌に、例えば新しくdemocracyが入ってきても「徳莫克拉西」と当て字するだけ。日本が「民主主義」を創るまで、言葉も概念も支那人には理解の向こうにあった。

「共和」も然り。周の末期、皇帝が逃げたあと、複数の重臣が協議して国政を担当した時代があった。その元号を共和としたのに因んで日本はrepublicを「共和」と訳した。

死刑免れ帰国してもまた入獄

支那人は周という国があったことも共和という元号も知らなかった。見事な漢字化で彼らはやっと意味が分かり、日本に手を合わせて感謝したものだ。

そういう日本製漢字がどれほどの量かというと、いまの支那の憲法に書かれた単語の76《パーセント》を占める。日本人がいなかったら毛沢東は憲法も書けなかった。

そうやって日本から支那に入った新しい語彙が朝鮮に徐々に入っていって彼らに知恵がついていった。

それほどお粗末な語彙世界だから、半島の民は常に意思の通じない苛立ちの中を生き、それでほとんど喧嘩腰の喋り方や大仰な身振りと、感情剥き出しの行動になって、みんなに嫌われる。嫌われるからますます自意識と被害者意識が昂じて「跆拳道はウリのもの」になる。

では、もっと豊富な語彙の世界に入れば、彼らでもまともになるのか。答えは90《パーセント》イエスだ。

語彙豊かな日本語世界に身を置いた在日がいい例だろう。来日1世はそれこそ盗むか騙すか殺すか、犯罪に生きるだけ。

日本語にまだ不自由な2世も同じ。強盗詐欺など前科10犯の金嬉老は日本人2人を殺して静岡・寸又峡温泉に立て籠もるや、差別と戦ったといい出し、日本人を騙して死刑を免れた。帰国すると愛人をつくり、彼女の夫を殺そうとして入獄した。最期まで生《き》のままの朝鮮人だった。

しかし、3世4世になると日本語だけで生活する。すると意思疎通ができないゆえの苛立ちが消え、あら不思議、粗暴さも失えて日本人社会に溶け込んでいく。通名を使うから周囲も彼らが異様な民族の血を引くことも気が付かなくなる。

それが90パーセント。では残りの10パーセントはというとソフトバンクの孫正義や姜尚中が入る。巧みな日本語は話すのに、例えば姜尚中は金嬉老と同じ。差別がどうのと嘘をついて日本人の同情で食っていく。

日本人意識のない東郷を担ぐ

朝日新聞が好んで使う東郷和彦もそう。祖父は東郷茂徳。薩摩の朝鮮人陶工の子孫で朴姓を持つ。

開戦時には外相を務め、米国への宣戦布告を遅らせ、汚名を着せられるミスを犯した男だ。和彦は親の七光りで外交官になるものの、自惚れ屋で、北方四島では勝手にロシアと2島返還で妥協を打ち出し、クビになった。

彼の主張は祖先そのままの事大主義だ。安倍首相の靖国参拝には米国がどうの、支那の機嫌がこうのだけを気にする。

揚げ句は「戦後、日本人は歴史問題を放り出して豊かさだけを追求した」と日本の悪口を並べる。

昭和30年代、今上天皇の朝見の儀は宮内庁の事務室で行われた。そんな貧しい日本にスイスはじめ支那、朝鮮に米国までたかり、いまもそれは続く。歴史問題とはそのたかり口上だろうが。

豊かな表現ができても、心根まで日本人になれるとは限らない。

（2014年2月号）

朝日が「国連軽視」と叩いた西村元防衛庁長官の予言

「国連は田舎の信用組合みたいなものだ」といったがその通りだ

「歪曲報道」で前任長官が辞任

昭和47年7月、札幌発の全日空機が岩手県の上空で訓練中の自衛隊機と衝突し、乗員乗客162人が死んだ。

朝日新聞以下の日本のジャーナリズムは自衛隊を絶対の悪だと思い込んでいるから、このときもためらいなく全日空を被害者に、自衛隊機を悪玉にして飛行教官は有罪、懲戒免職に誘導して満足した。

でも雫石事故の本当の原因は全日空機に大きな責任があった。あのときボーイング727機の操縦士は函館から松島経由で茨城県大子町にいく予定だった。

が、遅れを取り戻すためか、松島周りをやめ、函館から直線で大子に飛んでいた。勝手なショートカットの結果、自衛隊機の訓練空域に紛れ込んでいた（佐藤守『雫石事件の真相』）。この事実は亡くなった乗客が機窓から撮った写真の映像が証明している。

因みに事故はF86戦闘機に旅客機の727型機が追突したために起きた。727型は飛行性能が抜群にいい。佐藤栄作が返還前の沖縄にこの727型機で飛んだとき、護衛についたF86が追い付かなかったという逸話すらある。

国を守る自衛隊にもっと速く性能のいい戦闘機を与えていれば、民間機に追突される事故は起こらなかった。

朝日新聞の真実を曲げた苛めは自衛隊の上の防衛庁にも及び、長官の増原恵吉も辞任させられた。

後任は西村直己だった。内務省に入省し、戦後は勅任を受けて昭和21年から高知県知事についた。

出鱈目が罷り通った占領日本

その21年5月、GHQは首相・鳩山一郎を追放した。鳩山が朝日新聞紙上で原爆投下は非戦闘員の殺傷であり、それは「病院船撃沈にも勝る戦争犯罪」だとして、「米国人は自分の目でその惨状をよく見るがいい」と論難した。

ために朝日は2日間発刊停止という民主主義が聞いて呆れる言論封殺をGHQから喰らった。鳩山一郎もマーク・ゲインら下品な戦勝国紙記者に小突かれ、いたぶられた。その様をゲインは得々と彼の『ニッポン日記』に書いている。米国人の無知と思い上がりがよく出ている。

そのいたぶりの果てがGHQによる公職追放で、代わって外相の吉田茂が首相に就任した。

当時、国内治安はなかった。進駐軍は暴行、略奪をやり放題。それに在日朝鮮人が便乗し、土地家屋まで侵奪した。いま全国の駅前に彼らのパチンコ屋があるのはそのときの戦果だ。

吉田はマッカーサーに在日の送還を懇請した。サディストの司令官はもっと日本人を困らせようと吉田の懇請を在日に伝えて彼らを煽った。その翌日、在日の暴徒が首相官邸を襲撃した。そんな出鱈目が罷り通っていた時代だ。

翌22年5月、マッカーサー憲法が発令され、新憲法下で総選挙が行われた。吉田茂は高知から出馬した。

破かずとっておいた吉田色紙

このとき、知事だった西村と旅館城西館で飲んでいる。

酔った吉田は女将に色紙と硯を持ってこさせた。

「新憲法　棚の達磨も赤面し」

「素淮」と署名した。吉田は茂吉田のイニシャル「ＳＹ」を漢字でそう表記してサインの代わりにしていた。

日本は軍隊を奪われ、交戦権も取り上げられた。これからは「平和を愛する諸国民にすがって生きていけ」と新憲法はいっている。

この憲法について国会で「だれがどう修正案を出すか、だれが議決に賛成するか反対するか、事前に総司令部の承認を受けなければならなかった」（平成12年4月27日、第147回憲法調査会での奥野誠亮議員の発言）

要の条項に反対すれば国会からＧＨＱに摘み出され、二度と議席には戻ってこられなかった。そんな状態で押し付けられた憲法を押し頂くと聞けば棚の達磨だって顔を赤らめるぜ、ほどの意味だ。

西村も吉田も大笑いした。笑い終わって吉田は時の首相がそんな戯れ句を作ったのがばれては困る、処分してくれと西村にいった。

西村はそれを破かずにとっておいた。いつか機会を見てその色紙を国会に持ち出すつもりだったといわれる。

すぐ衆院選に立ち、連続当選を決めて今回は初入閣だ。頃合いもいいか。

しかし、それを語る前の昭和46年10月、記者会見での西村の発言にまた朝日が噛みついた。この新聞にすれば西村も自衛官も同じ、潰せばいい相手だった。

西村は中共の国連加盟について馬鹿な記者にもわかるよう、こういった。

「国連は田舎の信用組合みたいなものだ。1万円出せばだれでも1票を持つ。何か起これば俺にも権利があると騒ぐ。国連も同じ。中共が入ればますます悪くなる」

朝日はこれを「国連軽視」といった。

あの時代、小賢しい外務省が敵の連合国軍（United Nations）の集まりを「国際連合」といい換えた。まるで国際連盟を引き継ぐ新組織のように印象付けた。

国連はなお利権争いの場だが

国民はみな錯覚した。戦後の新秩序の原点と信じ込んでいたから、その中身が嘘つきだらけの国々が利権争いする場とは思ってもいなかった。

それを知っていれば、だれも支那人の、しかも共産党政権が国連入りすることに深い疑念を持つ。実際、西村の予言通り、国連に入った中共はモンゴルを侵し、ウイグル、チベットを蹂躙した。

中共はいまもユネスコの女事務局長を誑《たら》し込んで南京大虐殺の虚構を記憶遺産に登録させ、その褒美に次期国連事務総長に推戴しようとしている。

しかし朝日にまともさはない。西村の「国連の正しい見方」を妄言と断じて罷免に追い込んだ。西村は憲法の素顔を伝える機会を失ったまま、鬼籍に入った。

没後、彼の遺志を汲んで遺族が国会脇の憲政記念館に吉田の色紙を寄贈した。いまはだれでも見ることができる。朝日も一度それを見て何か考えてみるがいい。

（2016年4月号）

イスラム国より残虐な支那を褒めた朝日新聞

慰安婦の虚構と同じに支那についての虚報も訂正&謝罪せよ

世界を震撼させた「羊の屠殺」

米人記者J・フォーリーが「イスラム国（IS）」によって喉笛を掻き切るという「羊の屠殺」方式で処刑された。

処刑の一部始終は動画サイトにアップされ、世界はその残忍さに凍りついたが、その動画の最後のシーンに「次は彼だ」と引き出されたやはり米国人ジャーナリストS・ソトロフもその数日後に同じように処刑され、動画サイトにその映像が送られてきた。

米国務長官ジョン・ケリーはニューヨーク・タイムズに「世界が連携してISを叩け」と寄稿し、英国ニューポートで開かれたNATO首脳会議でも、あの惨劇を繰り返させないために、そして報復のために徹底した空爆と「ISの破壊」をかなり感情的になって語った。

それほど残忍な処刑シーンは日本では公開されなかった。「私はもっと生きたい。生きて家族と会いたい」「私を殺すのは（ＩＳではなく）米国だ」という本人のメッセージが流された後、処刑人が背後から彼の顎を上げ喉にナイフをあてがうシーンで終わっている。

前にアフガンのアルカイダがビデオリリースした同様の処刑模様を見たことがある。処刑されるのは５人。処刑人の助手３人が被処刑者を横抱きにして処刑人が大型ナイフを首の下側にあてがって一気に切り込む。

血がほとばしるが、すべて下方に噴き出し、周辺が血まみれにならないのは長年、羊の喉を切り慣れているせいだろう。アルカイダの映像はその後、首を切り進み、食道の穴、気管の穴が見え、最後は斬り落とした首を寝かした遺体の上に置いて次の処刑に取り掛かる。

喇叭《らっぱ》を離さなかった木口小平

この間、被処刑人の表情は半ばうつろで、怯えは一切なかった。その辺の特産の阿片か、その二次製品モルフィンを相当量与えていたことが窺われる。

今回の米人記者処刑でも喉にナイフが当てられる瞬間も抵抗は見えなかった。同様の配慮があればまだ救われる。

残忍な数分は終わるが、その残忍さが1時間、ときには丸1日もかける処刑だったら、どうか。

被処刑人を引き出す。そして喉を一閃掻き切る数秒間の処刑ではない。

まず、両の耳を切り落とす。鼻を削ぐ。剥き出しになった鼻孔に焼けたワイヤーを突っ込み、声帯を焼いて声を出せなくする。

両の耳の穴を叩いて鼓膜を潰し、自分の悲鳴も聞こえなくする。

次にすべての指を切り落とし、陰茎を切ってそれを喉に押し込んで、やっと窒息死させる。

日清戦争は明治27年7月、朝鮮半島西岸の豊島沖で海戦が、その海岸から少し入った牙山で陸戦がほぼ同時に始まる。牙山での緒戦は支那兵500人戦死に対して日本側は2人。うち1人が死んでも喇叭《らっぱ》を離さなかった木口小平だ。

支那が繰り広げた絶後の記録

日本軍は潰走する敵を追って僅か2か月で平壌に進撃するが、この間に不幸にして支那軍に捕まった者はすべて殺された。彼らは捕虜を取らない。すべてを前述の凄惨な方法で殺してしまう。

しかし、彼らの処刑はこれで終わらない。GHQの〝戦後処理〟に似たさらにあくどいあと処理がある。

彼らは殺した日本兵の着衣をすべて剥ぎ取る。これも相手を貶める儀式で、さらに顔を叩き潰し、手足を切断し、心臓を抉り出すのが形だった。

9月。平壌を落とすに当たって第1軍司令官山縣有朋は訓示を出す。

「敵軍といえど降る者は殺すべからず。然れどもその詐術にかかる勿れ。かつ支那人は古きより極めて残忍の性を有す。誤って生擒《せいきん》に遭わば必ず残虐にして死に勝る苦痛を受け、ついには野蛮惨毒の所為をもって殺害せらるるは必然なり。決して生擒するところとなるべからず。寧ろ潔く一死を遂げ、もって日本男児の名誉を全うすべし」

のちに東条英機の戦陣訓の一節「生きて虜囚の辱めを受けず」に引き継がれていくが、有朋は徒に死ねといっているわけではない。支那人は狡く降伏したふりをして平気で裏切る。現に豊島沖海戦では敵巡洋艦「済遠」が白旗を掲げて降伏したように見せかけ、いきなり魚雷攻撃してきている。そういう卑劣で外道な支那人相手でも日本軍は正々堂々戦えといっている。ただ絶対に生け捕りになるなと。

支那人の残忍さは昭和に入ってからもやむことはなかった。済南居留の日本人男女12人が「内臓全部露出」「陰部に割木押し込み」「顔面上部切断」「陰茎切断」などで殺された。そして通州での邦人233人虐殺事件へと続く。「旭軒では8人の女性が強姦され、女将は陰部を抉られて殺されていた」「母親に針金でつながれて殺されていた10歳の子は両手の指が切断されていた」と報告書にある。いずれも丸一日続いた暴行、強姦の末に殺されていた。

朝日の美しい偽り言に修正を

その10日後、上海で大山中尉惨殺事件が起きる。車で通行中、銃撃された中尉は車から引き出され、裸にされて青竜刀で頭を割られ、心臓を抉られ、四肢は切り離されていた。

その3日後、上海の日本租界は3万蒋介石軍に攻撃される。いわゆる第2次上海事変だ。残忍な支那人はこのときドイツから最新の兵器とヘルメットと軍事訓練を供与されていた。日本軍は多くの犠牲を払いながらも、その武装したサディスト集団を叩きのめすことができた。

いまウイグル、チベットで、現在進行形で続く弾圧を見れば分かるように支那人は少しも変わっていない。

イスラム国より危ない支那を朝日新聞は長い間、美しい偽りの言葉で包んで日本企業に進出を促してきた。

そしていま。多くの企業は支那の人質にされ、その首を刎ねられようとしている。慰安婦の虚構と同じに支那についての虚報も急ぎ訂正と謝罪をすべきだろう。

（2014年10月号）

罠を承知で飛び込んだ日本軍真珠湾攻撃の裏側

F・ルーズベルトは参戦の演説をなぜ10分で打ち切ったか

米国人は残忍にして狡かった

ハーマン・メルヴィルは「我ら米国人こそ神に選ばれた民、現代のイスラエルびとだ」といった。

かつてイスラエルびとは神の与えた地カナンに入り、そこに住む異教徒の民を皆殺しにして略奪した。女も殺した。

もし温情で生かしておけば「彼等はやがて目の中の棘、脇腹の茨となってお前らを苦しめるから」（民数記）と神は徹底したホロコーストを命じていた。

それは新世界にきてインディアンを殺す米国人の姿に重なる。でも選民なら神の御心に沿った行為になるじゃないか。

神はアブラハムに彼の子イサクを燔祭に捧げろと命じた。これも米国人はありがたがって使いまわした。

最初はテキサスでやった。メキシコ領のこの地に入植した米国人はその地のメキシコ人より多くなると「テキサスの独立を住民投票で決めよう」といって、勝手に独立宣言を出した。米国人は残忍なだけでなく、十分狡かった。

メキシコ政府は怒り、デビー・クロケットら250人が籠もるアラモの砦を襲って皆殺しにした。

米政府はそれを見届けた上で「アラモを忘れるな」と騒ぎ、大軍を送り込んでメキシコ軍を粉砕し、テキサスを米国領にした。燔祭に捧げた250人のおかげで米国はより富んでいった。

北米大陸をすべて手中にした米国は海外植民地が欲しくなった。それには没落中のスペインから彼らの植民地を頂戴するのが手っ取り早い。

折から目の前のスペイン領キューバは内戦中だった。米国は「調停のため」に戦艦メインを派遣した。ハバナ港に入った戦艦は真夜中、大爆発を起こし、266人が死んだ。

もはや日本以外に適役はない

米紙はスペインの仕業と騒ぎ、市民は「メインを忘れるな」を叫び、議会は宣戦布告した。

2隻の戦艦がキューバに向かったころ、7隻の米軍艦がマニラ湾のスペイン艦隊を襲い、結局、米国はキューバとグアムとフィリピンを手に入れた。

だいたい250人くらいの身内を犠牲にすれば、民意を高揚させ、得になる戦争ができることを彼らは知った。

それから半世紀。ニューディール政策も失敗した米国は不景気の底にあった。景気回復には戦争しかないとフランクリン・ルーズベルトは思った。折から欧州はヒトラーのドイツ軍が席巻していた。

ルーズベルトは3度目の燔祭を考えた。やらせる相手は独がいいが、彼らは米国の参戦を一番嫌がっている。もはや日本以外に適役はなかった。

彼は'40年5月、ロングビーチにあった米太平洋艦隊基地を日本の手の届く真珠湾にもっていった。

その上で日本を刺激した。仏ビシー政権の合意を得た仏印進駐にも文句をつけ、石油と鉄屑の輸出を止め、日米通商条約も破棄した。日本は首脳会談を求めたが、1年以上も応じなかった。

そしてとどめに「日本は満州も支那も捨て、4つの島に戻れ」とするハルノートを出した。真珠湾まであと2週間の11月26日のことだった。

真珠湾で戦死者2千400人の打撃

米国はすでに「日本の暗号を解読していた」（R・スティネット『真珠湾の真実』）から、この最後通牒を受けて日本艦隊が動き出したことを知っていた。

大統領は12月5日、真珠湾にいた空母エンタープライズ、レキシントンを出港させ、太平洋のどこかに隠した。

彼は日本側が真珠湾を襲っても死者はアラモ並みの250人と読んでいた。なぜなら真珠湾の水深は12メートルと浅く、航空機からの雷撃は怖くもない。魚雷は着水すると40メートルは潜る。浅い真珠湾ではみな水底に突き刺さってしまう。

残る攻撃は対空砲火の届かない3千メートル辺りからの水平爆撃と急降下爆撃だが、米軍事評論の第一人者フレッチャー・プラットは「日本人は近眼のうえ、首がすわる前から負ぶわれるから三半規管に異常がある」「だから日本人は急降下爆撃ができない」と評してきた。

高空からの爆撃も急降下爆撃もちっとも怖くない。まぐれで当たっても厚い装甲が跳ね返す。戦死者は限りなくゼロに近いとルーズベルトはむしろ心配すらしていた。

しかし日本は真珠湾に囮が据えられてから1年、罠を承知で米艦隊潰しを考え始めた。浅い海での雷撃は錦江湾での実験で木製のフィンをつけることでクリアした。それに日本人の三半規管は正常だった。

開戦の朝、真珠湾フォード島をぐるり回り込んだ97式艦攻は20発の魚雷を放ち、1発が海底に刺さっただけだった。

水平爆撃でも40パーセント以上の命中率を叩き出して戦艦アリゾナを瞬時に葬った。

急降下爆撃も世界水準の上をいく50パーセント以上の的中率を披露し、さらにその正確な攻撃は100隻を超える軍艦の中にあった病院船に被弾の一つも与えなかった。

日本は罠を承知で飛び込んだ真珠湾で空母こそ逃がしたものの戦艦5、駆逐艦2を撃沈し、巡洋艦4を大破し、戦死者2千400人の打撃を与えた。

笑いなのか自責の念なのか?!

ルーズベルトは最初の狙い、日本をして祭壇に乗せた米将兵を殺させ、米市民に「真珠湾を忘れるな」を叫ばせ、晴れて参戦にこぎつけるのに成功した。

本来なら大喜びのはずのこの男は「不安げで、うまくいくだろうかと落ち着かなかった」とハミルトン・フィッシュの『ルーズベルトの開戦責任』にある。

この小賢しい大統領の唯一の誤算は燔祭に捧げる生贄をアラモやメインの10倍にしてしまったことだ。

自分のペテンで予想外の2千人を殺してしまった。

彼はその翌日、上下両院合同議会で参戦を訴える演説をしたが、それは10分で終えた。その短さは「あまりにうまくいって笑いが堪えられなかったから」説もある。一方で予想の10倍の自国民を殺した自責の念からという説もある。

先の戦争はそんな国との戦いだった。

（2015年9月号）

#「パチンコ屋」を擁護した菅直人を収賄で逮捕せよ

朝日新聞は3・11直前にバレていた外国人献金をすり替えた

記者クラブに麻雀台や花札が

花札というと、なぜかマイナスのイメージがつきまとうが、どうして、あれにはなかなか典雅な趣もある。

1月は松、2月は梅というあの絵には深い謂れがある。

例えば4月。菖蒲に池を渡る橋が描かれている。愛知県知立市八橋の菖蒲池のことで、在原業平を追ってきた姫がここに身を投じ、その美しい姿を留めるカキツバタが春に爛漫に咲く。

からごろも/きつつなれにし/つましあれば…と業平はカキツバタを織り込んで詠ってもいる。

9月は菊と盃。9月9日の重陽の宴のおり、長寿を願って盃に菊の花を浮かべたことにちなむ。

10月はモミジに鹿。

猿丸太夫の「奥山に／もみじ踏み分け／なく鹿の…」を描いたものだが、鹿がそっぽを向いた絵柄からシカト（10月の鹿）の方が有名になった。

11月は雨に濡れる柳と蛙と小野道風の絵。後に三蹟の1人になる小野道風が若いころ、挫折しそうになった。そんなとき蛙が柳の枝に飛びつこうと、一心に努力する姿に発奮したという話。

シカトのように花札に機縁する言葉も多い。鹿肉をモミジと称するのもその一つだし、馬肉を桜肉というのは都都逸の「咲いた桜になぜ駒つなぐ／駒が勇めば花が散る」が起りという。

そんな絵柄をもとに赤短や青短、猪鹿蝶、光もの（松と桜と薄と桐など）を集めて楽しむのがコイコイだ。

いまは廃れたが、昔の記者クラブでは麻雀台と花札とどんぶりは当たり前に常備されていた。暇なのが1人だったら新聞を読み、2人だったら座布団を間に置いて花札を撒くのがクラブの景色だった。

韓国で任天堂の花札がヒット

その花札が国際性を持っていたことを知ったのは、二昔前になるか。任天堂のＷｉｉが世界的なヒットを飛ばしたときに韓国の新聞が「われわれ韓国人が今日の任天堂に育てた」と書いていた。

「日本刀はウリがつくった」たぐいの法螺話かと思ったらそうではなかった。任天堂はその草創期に韓国に花札を輸出し、それが爆発的にヒットしたという。

彼らはそれを「花闘」と称し、今では勝手に赤短の「あかよろし」をハングルに書き換え、梅の鶯はカササギに換えられ、小野道風は向こうのみっともない服を着せられている。

つまり記事の趣旨は、韓国では家庭でも職場でも花札が普及し、任天堂を儲けさせた。その売り上げのおかげで今の世界的ゲームソフト企業・任天堂の基礎が出来上がったという主張なのだ。

恩着せがましい口ぶりだが、それは決して誇張ではないらしい。彼らはひとたびゲームを始めると一晩で花札をぼろぼろにし、夜明けまで待てずに24時間営業のコンビニに買いに行く。それがいまでも結構な売り上げになっているとか。

彼らはいまの反日騒動を見ても分かるように、何でもとことん行ってしまう。彼らの半分くらいは基督教徒だが、そのミサもとことん行ってしまう。祈る言葉はやがて絶叫になって地鳴りの如く教会を揺らし、失神と狂乱に陥る。統一教会など分派は山とあって、中には実際に山で修行する会派もある。

韓国が禁じたパチンコなのに

信徒は立木に取りついて祈り、忘我に至り最後は一抱えもある木を揺すって倒してしまう。日本が植樹してやった韓国の山々が再び禿山になってきたのは、半分こういう教会のせいもある。

それほど凝り性の国民に花札よりギャンブル性の高いパチンコが日本から入っていった。彼らよりはまだ節度ある日本人ですら、我が子を自宅に閉じ込めて餓死させ、あるいは炎熱の車の中に置き去りにして焙り殺し、借金地獄に嵌って主婦売春に走り……といった家庭崩壊の悲劇が後を絶たない。

立木を揺すり倒す熱中型の民があれに嵌らないわけがない。パチンコですってカネがなくなったからというだけで、殺人もやる強盗もやる。あまりの弊害の大きさに'08年6月、盧武鉉はパチンコ禁止令を出して全国1万5千店舗を閉じる荒療治をやった。例の目ぱちくりの整形美容をやった大統領だ。

それでもパチンコが忘れられない連中がいる。「福岡にはそのためにやって来る韓国人が年間50万人いる」と、昨年3月3日付朝日新聞が報じていた。

その日本のパチンコ屋は9割が在日の、残る1割が在日帰化人の経営で、年間20兆円を売り上げ、何割かが民団、総連を通して朴槿恵、金正恩に送られる。

パチンコは表向きギャンブルではないけれど、景品交換所を介して換金できる。公然たる賭博行為で、おまけに依存症を生み、生活を破綻させ、犯罪も生む。

いい加減な韓国すら禁じたパチンコを日本が放置し、おまけにそれが在日と南北朝鮮を潤すというのも釈然としない。そんなところに3・11が起きた。日本中が節電し、喪に服す中、駅前では派手なイルミネーションをつけっ放しでチンジャラジャラ公然賭博が行われていた。

パチンコを擁護する朝日新聞

この際、パチンコを潰そうと石原慎太郎がいった。それで困るのは生活保護で遊んでいるプー太郎かソウルから飛んでくる依存症の韓国人だけ。ホントに潰してしまういい機会だった。

ところが、当時の菅政権はその提案を断った。菅は韓国人パチンコ屋から政治献金を貰っていたことが3・11の直前にばれていた。菅はその恩義でパチンコ擁護に回った。こういうのを収賄というのに検察は立件もしなかった。

朝日新聞もすかさず業界紙記者に1ページを与えて「韓国でパチンコ屋を閉めたのは汚職のせい」と嘘をいわせた。

さらに大谷大の滝口直子教授に30万人が働く業界だから「雇用の面から禁止は難しい」といわせる。朝日の都合に合わせて喋る学者は見た目と同じに醜い。

ここまで擁護するのは木村伊量朝日社長が菅よりもっと貰っているからか。

（２０１４年3月号）

第6章

文化人面する奴らをぶった斬る

三菱重工爆破事件の「大道寺の死」に想う

天皇暗殺を二度にわたって断念した彼は日本人だった?!

あさま山荘を境に左翼が没落

かれこれ40年近い昔、東京・丸の内の三菱重工ビル正面玄関で白昼、大爆発が起き、8人が即死し、400人近い人たちが重軽傷を負った。

当時、こちらは航空担当の記者で、あの日は運輸省航空局長との記者懇があって、お濠を望む庁舎7階の局長室にいた。

爆発音はそのお濠の上を越えて局長室の窓を震わせた。第1報は確か「搬送中のプロパンガスが爆発した」だった。

それが爆弾テロによるものと分かったのは、だいぶ経った夕暮れ時だった。それほどテロという言葉がみんなには唐突に感じられた記憶がある。

なぜそう感じたかというと、この事件の4年前が70年安保だった。その10年前の60年安保のときのやや牧歌的な雰囲気は消えて学生は顔を隠し、鉄パイプで武装するスタイルに変わっていた。

機動隊との衝突では投石や火炎瓶が舞い、機動隊側に多くの死傷者が出た。

そこらのおばちゃんがデモ学生におにぎりを振る舞うような60年安保ののどかさは消えていた。

活動家と市民の乖離が頂点に達したのが'72年の連合赤軍事件だった。赤軍派と日共のはぐれ組織が野合し、女の嫉妬も絡んで彼らは12人を殺し、警察に追われ、民間人を人質に「あさま山荘」事件を起こし、ここでも警官を殺害した。

あさま山荘は丸1週間、人々をテレビの前にくぎ付けにし、その残忍さと狂気に度肝を抜かれた。

この事件を境に人々は憑き物が取れたように左翼陣営が奏でる幻想から覚めていった。60年安保の前年に発売され、ずっと30万部近くを売った朝日ジャーナル誌は実売3万部以下に落ちていった。

過激派自身も活動の場を失い、せいぜい内ゲバで殺し合うことに生きがいを感じているようにすら見えた。それから2年経って丸の内で革命を目指すダイナマイト700本分の爆弾テロが起きた。

『産経』の特ダネが他紙を抜く

だから唐突に思えた。この世に志位和夫のほかにまだ日本で共産革命が可能だと信じている愚か者がいることに大いに驚かされた。

しかし驚くことはもっとあった。運輸省の7階で爆発音を聞いてから8か月後の'75年5月19日早朝、社会部からの電話で叩き起こされた。

受話器を取ると聞き覚えのあるデスクの声が怒鳴っていた。「まだ寝ているのはお前だけだ。さっさと上がってこい」と吠える。ただ特ダネを抜かれたときのとげとげしさはなく、声は笑っていた。「なぜかって。もう朝刊が届いているだろう。全部目を通してこい」

産経新聞は届いていた。1面トップに「三菱重工爆破事件の犯人グループを警視庁が今日逮捕」を知らせる白抜きの見出しが躍っていた。

急いで他紙をみたが、三菱の「み」の字もない。公安ネタで抜いた、新聞記者なら分かる警視庁担当記者のすごい特ダネだった。デスクが昂奮していた理由がそれでよく分かった。

社に上がると殺気立ちながらも特ダネの昂奮が編集局の中に沸き立って伝わってくる。社会部長は前夜から泊まり込んでいたという。

東アジア反日武装戦線の蛮行

こっちの顔を見ると夕刊のトップをお前が書けという。「ホシは半ダースはいる。パクリに行く刑事に記者を張りつかせているが、向こうはまく気だ。うまく逮捕現場に行きつけるかどうか。それも踏まえて逮捕の臨場感を書いてくれ」。

その少し前、逮捕に向かうデカが警視庁を出た。結果はみんなまかれた。それでもカメラマンのひとりが食いついて逮捕の瞬間を撮った。それが主犯格の大道寺将司だった。

夕刊の出稿締め切りの直前だった。カメラマンから話を聞きながら一気に180行を書きあげ、そのまま活字になった。のちに新聞協会賞の受賞理由に「迫真の描写」と評された一文だが、個人的にも思いのある一文だった。

驚いたのは捕まった大道寺ら「大地の牙」が明かした彼らの本当の狙いだ。

大道寺が過激テロに走り出したのは70年安保が終わってから。祭りの後の虚脱状態の彼に「華僑青年闘争委」が話しかけてきた。日本はアジアで蛮行を働き、搾取し、虐殺した。日本はアジア人民の抑圧者だといった。「侵略国家日本に抵抗した支那こそ正義」という習近平の言葉と重なる。それを'70年代に支那人が左翼過激派に吹き込んでいた。大道寺はそれを鵜呑みにして「東アジア反日武装戦線」を立ち上げた。「朝鮮人、台湾人を皇民化し、男は皇軍の弾除けにし、女は皇軍の性処理に使われ多くは虐殺された」（大道寺の上告趣意書）ことへの報復が狙いだった。

標的は二つ。アジアを搾取した三菱など財閥と、もう一つが虹作戦、つまり昭和天皇暗殺作戦だった。

大道寺らは塩素酸ナトリウムを基剤にした爆薬をつくり、'74年8月中旬、御用邸から戻られる天皇陛下のお召列車が通過する赤羽の鉄橋に仕掛けに行った。

真夜中、爆薬を橋脚の下まで運んだが、大道寺が怖じ気づいて出直した。

日本人の意識が実行を阻んだ

翌日、再び橋脚にたどり着き、あとは起爆装置をセットする段になって、大道寺がまた誰かに見はられている気がするといって撤収した。

二度にわたって天皇暗殺計画を断念した「大地の牙」グループはここで計画を変更し、

二つの缶は次の標的、三菱重工に仕掛けることになった。

大道寺は'87年、死刑が確定したが、多発性骨髄腫を患い、死に勝る苦痛の中でこの5月、東京拘置所で死んだ。

やれば抵抗なくやれた天皇暗殺を二度も断念した本当の理由を彼は最後まで語ろうとしなかった。あるいは彼の中に残っていた僅かな日本人の意識が実行を阻んだという見方も有力だった。

支那人がどう暗示をかけても日本人は最後の一線は越えないということだろうか。大道寺も日本人だったわけだ。

（2017年8月号）

東京都知事選にみる団塊世代の不見識を斬る
反戦平和の念仏と日中友好の一つ覚えはいつまで続くのか?!

「性の集団便所」と化した早大

生まれは昭和17年初め。間もなくシンガポールが陥落し、パレンバンに空の神兵が降下しようというころだが、もちろんそんな記憶はない。

覚えているのは疎開先の三島の家の二階物干し場から見た真っ赤に染まる西の空だった。記録によれば終戦の年の7月17日午前1時半、140機のB29が三島と目と鼻の距離にある沼津市に1万発の焼夷弾を落とし、市街の89パーセントを焼いた。

野坂昭如は当時10歳。福井の疎開先にいて妹を栄養失調で亡くしている。『火垂るの墓』にあるように福井もまた同じころ大空襲でほぼ全市を焼かれた。

野坂は焼け跡派を名乗って「一番つらい時代を生きた。女や子供が死ぬ戦争はもういやだ」と生涯いい続けた。

こちらは死んだ彼の妹せつ子と同世代で、戦後は東京に戻って同じように貧困と飢餓を焼け跡の中で味わって育った。

こちらも野坂や五木寛之に倣って郭に通って世の不条理を嘆いてみたかったが、高校に入った年に郭は廃止された。

焼け跡派よりもっと恵まれない谷間の時代を生きたように思うが、それで大学に行ったら60年安保だった。

反戦平和には関心なかった。愛読した講談本の世界では「女子供を殺す戦争」などなかった。女子供を殺し、局部に棒を突っ込むのは米国人と支那人ぐらいだ。反戦平和をいう前に彼らの非道をなぜアジらないのか、不思議だった。

それともう一つ。学生運動の現場はポン引きに似ていた。我が民青にくればフリーセックスだからと代々木系が誘った。中核も革マルももっといい女を揃え、早稲田の法学部の校舎は郭より酷い「性の集団便所」と化していた。

60年安保を支えたのは結局、代々木も反代々木も性衝動の開放だったように思う。それへの社会的制裁は「まともな就職」からの締め出しだった。

12人の仲間を殺した団塊世代

みな活動歴を問わない公務員に潜り込んだ。都内の学校の用務員が元活動家で占められたのもこのころだった。

こちらはまともな女友達がいたから用務員にもならず新聞記者になれた。支局で研修を受け、社会部に上がったら今度は70年安保だった。こちらの初陣は新宿騒乱の取材だった。

最初に感じたのは彼らがやたら粗暴だったことだ。彼らとは昭和25年~30年生まれのいわゆる団塊の世代のことだ。

彼らは貧乏育ちの焼け跡派より背も高く、栄養もよかった。人数が多いせいか競争心が強く、衝動的で、60年安保の角材に替えて鉄パイプを持ち、血みどろの内ゲバをやった。12人の仲間を殺す連合赤軍事件が起きた。

永田洋子に警視庁の中庭で会ったことがある。目が飛んでいたのを覚えている。

ポスト70年安保の様相も就職難だった60年安保とは大きく違った。

そのころまでに日本は戦時賠償を払い終え、戦前からの大きな荷物だった「朝鮮半島の面倒」からも解放され、やっと働けば豊かになれる時代を迎えていた。

鳥越の戦後史観は生きる方便

企業側は活動歴などどうでもよかった。少々の頭の悪さも構わない。とにかく人手がほしかった。殺人の嫌疑があった千葉景子を除けば、誰もまともな就職ができた。いい換えれば反戦平和のアホな思い込みを反省する機会もなかった。

新聞社も同じ。新人たちはみな自信に満ち、己の歩んできた道に一点の瑕疵もない風情だった。口も達者で、まるでみんなが舛添要一だった。

この世代は先の戦争も反戦平和で語り、南京も「戦時だから日本兵も悪いことをきっとしたはず」が答えだった。

学生時代と同じに「反権力」が生きざまの中心にあり、権力者とは「暴力装置を持った首相」のまま。では日本の憲法を勝手に書き換え、軍隊を放棄させた米国は権力者ではないのかには興味もない。戦後教育が染みついたままだった。

彼らはその考えのまま、好調な日本経済の波に乗り、出世していった。中年になると蓄財もできた、個性ある第2の人生を歩むかとかいってみんなそろって八ヶ岳の麓の清里にペンションを建てたりした。この世代は個性もよく似ていた。

団塊の世代の大方がやっと引退したころ、都知事選があった。立候補したのは役人上がりの増田寛也。団塊の世代らしく外国大好き、わけても日韓友好が売りだった。

ポスト団塊の小池百合子も立った。団塊との違いは自己愛より外の世界に向けた好奇心が強いこと。勉強屋でもある。

そしてしんがりに登場したのが焼け跡派生き残りの鳥越俊太郎。小池との違いは自己愛に徹していること、格好だけで不勉強なこと。

おまけに認知症がすすんでいるともいわれ、語れる言葉は生きる方便で馴染んできた戦後史観のみ。単語にすれば「戦争反対」「日中友好」と「権力の監視」と「弱者救済」。それだけ。

なんで岡田克也や志位和夫が担ぐ気になったのか。そっちの方が興味を引く。

共産が見放しても団塊が支持

かくて候補者の公開討論もない、記者会見もない、政権論争もない、異様な展開の中で投票が行われた。

結果の数字もまた興味深かった。小池百合子が291万票、増田が179万票は順当として鳥越俊太郎が全投票総数の20パーセント、134万票も取ったのは予想外だった。

鳥越の支持層で見ると若者はほとんど支持せず。30代では最低になるが、そこから年齢が上がるほど支持は増え、60代では25パーセント、70代では27パーセントまで増えた。ちょうど団塊の世代に合致する。

さすがの共産党も鳥越には愛想をつかして逃げている中で、反戦平和の念仏と日中友好の何とかの一つ覚え的掛け声が団塊の世代を衝き動かしたようだ。

そしてパブロフの犬のように半分認知症の候補でも躊躇わず1票を投じた。

人口的にも大きな塊の彼らが元気でいる間は、憲法改正を含めて日本はまともになれそうもないということか。

（2016年9月号）

あまりに朝日新聞的な気鋭・左翼文化人の無知

「レイシストの高山を放逐せよ」とは習近平と変わらない

難民審査の穴を衝く不法移民

共同通信出身で特派員経験もある青木理氏は着流しが似合いそうななかなかのハンサム氏だ。よたったコメンテーターの中では良さそうに見える。

それでも毛を吹いてみるとヘンなところもある。もろ朝日新聞的なのだ。

もっとも今どき、非朝日的に原発は頼れるとか支那の狂気の前に安保法制は正しい形だとかいえば、即テレビ局から追放されてしまう。

食っていくにはまず朝日新聞的であることがコメンテーターの宿命なのだ。

テレビを離れた雑誌に彼が書いた中東難民問題も、その落としどころ、つまり「それにつけても安倍政権は悪い」結論も朝日そのままだった。

曰く「欧州は100万もの中東難民を入れた。しかし安倍政権は冷たい。5千人の難民申請で11人しか入れない」と。

で、つい苦言を呈した。その5千人の9割9分は日本の難民審査の穴を衝いた不法移民の群れなのだ。これは常識だ。

彼らは審査待ちの間、仕事をしていいところに目をつけ、自分の国で働く何倍もカネを稼ぐ。労働ビザ所有と同じだ。

その間に外人に弱い日本女をひっかけることもできる。結婚してしまえば世界が垂涎する日本国籍を取れる。あとは兄弟を呼び寄せるとかの口実で仲間に不法入国を斡旋する。その手数料だけでもう一生安楽に暮らせる。

イスラム系も多い。日本にあるモスクの聖職者によれば、週に4人も入信希望の日本女性が来る。イスラム教徒との結婚のためだ。

李承晩は3万人を虐殺したが

しかしいったん入信すれば生まれた子も孫もイスラム教徒だ。改宗はアラーに対する大罪で死刑だ。イスラムの子は生涯トンカツもエビ天も食えなくなる。

長じて結婚するにも相手はイスラム教徒に限られる。この宗教はまた土葬がしきたり。

死後まで家族に迷惑をかける。

それが5千人の大まかな正体だ。

このほかに日本には昔から不法難民が半島や支那からわんさかきている。

朝鮮人がくるきっかけは明治43年の日韓併合だった。日本は朝鮮を植民地にしないで、併合にした。つまり日朝間の国境を取っ払った。

この国は昨日まで車も学校も店屋もなかった。女には名前すらなかった。最貧の民が世界5大国の一つ、豊かな日本に自由に行けるようになった。それで200万もが押し寄せた。

戦後、済州島で共産分子が蜂起すると李承晩は兵を送って3万人を虐殺した。北朝鮮が侵攻すると共産党からの転向者、いわゆる保導連盟員120万人を皆殺しにした。済州島ではさらに5万人が殺され、20万人が終戦後の日本に流れ込んだ。日本は受け入れたが、彼らは感謝の言葉もなかった。

日本はまた世界中から爪弾きされたユダヤ人を快く受け入れてきた。『ニッポン日記』で日本を罵ったマーク・ゲイン、日本に不利な為替レートを強いたブレメンソール、日本を野蛮国と見下したシロタ・ゴードンらは日本本国や上海の虹口租界に匿われて生き延びたユダヤ人だ。

高野山で「人糞擦り付け」事件

日本はずっと難民を受け入れてきた。朝日は嘘を書くのが趣味の新聞だ。その言説を信じていけませんよと親切心で彼に忠告を書いた。

それが面白くなかったか。こちらが週刊誌コラムに書いた支那人のお行儀についての一文に彼が噛みついてきた。

このコラムはいったい何だ。事実かどうかも怪しげな話を元に「特定民族を口汚く罵る便所の落書きのようなクソ文」じゃないか。こういう「レイシストの高山をメディア界から放逐せよ」と月刊のオピニオン誌に載せてきた。

「便所の落書き」には当惑するが、ネタは事実だ。一日、高野山を加地伸行氏の案内で歩いた。同行者は文藝春秋の堤堯、愛知教育大の北村和義各氏だ。

その晩泊まった高野山随一の宿坊で事件を聞いた。支那の団体客が朝発ちした後、女将が布団を上げに行って仰天した。布団のすべてに人糞が擦り付けられ、小便で汚れていた。トイレも襖も壁も人糞がぬりたくられていた。

満洲・長春にいた遠藤誉の家に八路軍が泊まったと彼女の『卡子《チャーズ》』にある。彼らが出ていった後「彼らのために延べた緞子の布団は人糞に塗れ…」と続く。

「姉が大事にしていた琴」をはじめ形あるものを、みな無残に壊していったと。

今年50周年を迎えた文革の思い出話が各紙にあった。あのときの凄まじい破壊は『卡子』や高野山のそれに通じる。

『資治通鑑』が綴った年季の入った残酷さもまた通州事件や文革に甦っている。

ニコラス・クリストフ『中国の目覚め』には「何百人の走資派を釜茹でし、その肉を食った」とある。

20万邦人が虐殺される恐れも

その支那が今、断末魔にある。人民元が暴落し、歴史に繰り返された易姓革命という名の混乱が起きると予想される。あるいはどこかに戦争を仕掛けるか。実際、南沙に次いで尖閣にも支那は公然軍艦を持ち出してきた。

そのとき、まず生贄にされるのが支那にいる20万邦人だ。現に尖閣騒ぎのあった'05年に杭州の大学で30人の日本人学生が殺されかけた。'12年には日本企業、商店が軒並み焼き打ちにあった。20万邦人が通州と同じように虐殺されないと誰が保証できるのか。

だから支那人の生きた姿を伝えた。支那人を信用できるのか。在留邦人に警告のつもりで書いた。

そうしたら「支那人に失礼だ」「偏見だ」「そんなこと書く奴は追放しちまえ」では習近平とあまり変わらなくなる。

因みに彼が真似る朝日新聞ですら「邦人は脱出用に安全な欧州系航空会社のオープンチケットを持て」と支那研究家の津上俊哉に警告させている。

（2016年7月号）

押しつけ憲法を称賛する森本ICU副学長の欺瞞

朝日新聞でマッカーサー憲法をいい憲法だと喧伝するが

切支丹大名は領民らを奴隷に

16世紀、日本に鉄砲とキリスト教が入り込んできた。

日本人は鉄砲に興味を持った。そして30年もしないうちに自分たちで工夫して世界最大の鉄砲王国になった。

キリスト教も、もう八百万《やおよろず》の神がいる。一人増えても気にしなかった。

彼らはよその国でやったようにまず領主や王侯に取り入る。南蛮貿易のうまみと白人文明とデウス様の愛を語って籠絡していく。有馬晴信がなびき、大友宗麟が心服し、高山右近は熱狂した。

伴天連たちはそこで本来の目的に沿って行動した。まず、この国をキリスト教化し、支配権を握り、最終的にはポルトガルの植民地に仕立てていく。

そのためにこの国の実力、戦力を確かめる必要がある。ルイス・フロイスはこの国の武士の資質、兵器、刀、鎧の材質まで調べ上げた。海洋国だから戦う時に必要な船は何を動力にしているかも彼は調べた。「この国の舟のオールは不思議だ。水面から外に出ない。水をかき回し、楽に速い船足をもつ」

ついでに彼らはその調査費稼ぎも兼ねて商売をした。日本の美術品の売買とかもあるが、主な商品は奴隷だった。キリシタン大名は乞われるまま、例えば有馬晴信は領民の子供たちを召し上げて「インド副王に献上した」記録がある。

彼らは戦争方式もポルトガル化させた。

日本の戦争では相手城主が降伏し、切腹すればそれで終わった。城に籠った武士も女子供もどこかに落ちていくのが形だった。

伴天連らの非道に怒った秀吉

領民は戦乱の埒外にあった。あの関ヶ原の戦いも戦場となる田んぼの水が落とされ、刈り取りが終わったあとに行われた。百姓が弁当をもって武士の戦いを見物した記録が残っている。

しかし、キリシタンに改宗した大名は違った。敵の城主の妻も子も大奥の女も捕らえ、ときには百姓領民も捕虜にして海外に売った。

鉄砲の火薬に欠かせない硝石1樽は女50人と交換された。大友宗麟らが出した遣欧少年使節はその旅の先々で日本女性が鎖に繋がれ、秘所を丸出しにして売買される姿を目撃している。

キリシタン大名は領内の神社仏閣を打ち壊し、僧侶にキリスト教への改宗を迫り、拒絶する者を焼き殺した。

かくも悪辣な伴天連の非道に秀吉は怒った。「寺社と仲良くするよう」「奴隷売買をやめるよう」さらに「お前らのもつ奴隷を買い戻したい」と通告した。世にいう伴天連追放令だ。

伴天連は拒絶し、反抗した。家康が改めてキリスト教禁令を出し、秀忠、家光の代までかかってこの邪悪な宗教を日本から締め出した。ローマ帝国でもなし得なかった偉業だった。

日本のこのキリスト教排斥に再び挑んだのが、あの失禁元帥マッカーサーだった。彼は伴天連が掴みそこなった日本の支配権を手に入れると、あとは伴天連と同じ、神社を目の敵にした。靖国神社は打ち壊してドッグレース場にしようとしたが、バチカンの代理人ブルーノ・ビッテルが反対して不承不承やめている。

ＩＣＵ副学長が称える新憲法

マッカーサーは日本政府のカネで2千万冊の聖書を空輸させ、1千500人の宣教師を呼び寄せ、国民の30パーセントを帰依させようとした。同じく日本政府の負担で国際基督教大（ＩＣＵ）を建てさせ、教育にキリスト教を混ぜ込んだ。

同時にＧＨＱ民間情報宣伝局に命じて例の War Guilt Information Program とともに日本史も書き換えさせた。

秀吉や家康の伴天連排斥への諫言は「キリスト教の弾圧」に置き換えられ、やれ26聖人の処刑だの踏み絵だの、日本が残忍でキリスト教徒は心清い善玉に仕立てた。司馬遼太郎までその気にさせた。

マッカーサーはそこまで努力したけれど、彼がトルーマンに首にされて日本を去るとき、日本のキリスト教信者は一人も増えていなかった。八百万の神を知る日本人は先の戦争でキリスト教徒の邪悪さ、偏狭さを追確認していたからだ。

ＩＣＵの学生も同じ。キリスト教を学び、それで改めて嫌悪したのか、信者になったという話は絶えて聞かなかった。

先日の朝日新聞にＩＣＵの副学長という白髪のおじさん、森本あんりがマッカーサー憲法を論じていた。

驚いたことに彼はＩＣＵのＯＢで洗礼を受けて牧師になっていた。マッカーサーが建学させて以来の初めてのクリスチャンかもしれない。

この宗教の邪悪さに気づかない日本人がいたことに物凄く驚きつつ、彼の憲法論を読んでもう一度驚かされた。

彼は「日本人は広島・長崎に行ってただ祈った。その思いが憲法に込められている」という。それはヘンだ。日本人は銃後の母や子を20万人も焼き殺した非道の米国に憎しみと嫌悪を感じた。勝手に日本人の心を忖度するな。

欺瞞の根本にキリスト教精神

米国はその傲慢さで日本の憲法を改竄した。その押し付け憲法をこの男は「普遍的な理念、つまり全世界の正義、自由、民主主義」を象徴する米国の精神が宿るから「権威がある」と断じる。

森本がほかで語ったように「ヒトは等しく創られた」といったジェファーソン自身が性奴隷を囲っていた。インディアンをナチス以上の残虐さで殺し、土地を奪い、ハワイ、フィリピンを侵奪し、最近でも「アラブの春」と称して中東に血みどろの混乱を演出した。

そしてそのすべてを世界正義とか民主主義だとかいいぬける。その欺瞞の根っこにあるのが己の悪を正義といって恥じないキリスト教精神だ。日本人が見た伴天連と変わるところがない。

そんな米国には過去フィリピンやキューバ、パナマに自分に都合のいい米国製憲法を押し付けた過去がある。

日本にだけは「いい憲法を押し付けた」なんていうあんりサン、その口ぶりは邪悪の伴天連そのものだぜ。


（2016年6月号）

落合恵子の記事にみる『朝日新聞』の堕落を斬る

記事のウラ取りもせず嘘を承知で掲載する汚さが続く

毛沢東を崇めた広岡朝日社長

歴史は結構、固定観念で見てしまうものだ。隣の支那についてもそうだ。心の底ではつい大した国だと思っている。

実際は記憶にある戦後だけ見ても、まともではなかった。屍の山を築いて出てきた毛沢東がやったことは、原材料も耕地もそのままでコメと鉄の生産量を倍にしろという大躍進政策だ。

結果は大飢饉を生み、3千万人が死んだ。毛沢東本人は耕地の均等配分とか善政を施したという李自成に自らをなぞらえる。実際、北京の北、明王十三陵の前に毛の顔をした李自成像が建っているが、毛の実際は虐殺と圧政を恣にした明の洪武帝に似る。

それどころか殺した人数は文革まで入れると、1億人のインディアンを殺した米国人に並ぶ超極悪人になる。

そんな毛を桑原武夫や朝日新聞の広岡知男は神のように崇めた。

毛だけじゃない。唐も漢も明も目がくらむほどの大国だったと思い込んできた。しかし例えば秀吉がその明をやっつけに出兵した兵員数は13万人、いまでいえば10個師団に上った。対して明が準備できたのは5万人だけ。国力戦力は圧倒的に日本の方が高かった。

しかし、日本の歴史書は「何と無謀な」でお終い。「支那は大きい」の固定観念でしか考えようとはしなかった。

いまの支那の実情を知っているのは、そこに常駐している各紙特派員ぐらいだろうが、彼らもまた政治的に動く。「支那は大国」という虚像を読者に信じさせれば、彼らは大事にされる。だから彼らの報道記事は支那の虚像を大きくすることだけに専念する。

毒ガス兵器報道にみる嘘記事

先の戦争のあと、日本軍は降伏し、武装解除してすべての武器を連合国軍に引き渡した。支那大陸でもそれは同じ。水間政憲氏が'07年に発掘し、防衛省も確認した資料には「上海で支那軍中尉・陳永禄に催涙弾など引き渡した」とあり、また山形県のシベリア資料館にも同様、大陸で連合国軍に兵器引き渡しを行った文書が見つかっている。にもかかわらず毎日新聞は「チチハルで日本軍が遺棄した毒ガス兵器で支那人44人が死傷したとして東京地裁に提訴」みたいな記事を載せる。

毒ガスでも遺棄でもない。朝日や毎日はこうした根拠のない支那人のいい分に迎合して結局は60兆円もの遺棄毒ガス兵器の処理費を日本政府、つまりは日本人の血税に出すよう仕向けてきた。

嘘と知りつつ、意図を持った報道をする。それは誤報とかの類ではない、報道の名をもってやる悪質な反日テロ行為といっていい。

そういう悪質な毒は、微笑ましそうなコラムにも潜ませている。

先月、朝日に載った落合恵子のインタビュー記事もその一つだ。彼女はレモンちゃんとか愛称を持つ文化放送のパーソナリティの出身だ。可愛さを売り物にし、それがしなびるころ、さっさと『週刊金曜日』に転向した。お馬鹿な団塊の世代のお姉さんという役どころか。それで語るのは反戦平和、反核、反原発。何の思考もいらない、同じことを繰り返していれば進歩的文化人でまかり通った。

このインタビュー記事でも同じ。愛を語り、反戦と平和をいう。50年、変わらず同じセリフを続ける。お気楽なものだ。

吉田清治の大誤報にも通じる

ただ、中にこんなくだりがあった。

「当時の公立（中学、高校）には戸籍の提出が求められていた」「母がそうでない学校を探した」

一瞬、彼女は戸籍を持たない密入国者か、あるいは蓮舫みたいに出自を偽る家庭に育ったのかと思ってしまったが、そういわれて彼女がいわゆる「お妾さんの子」だったことを思い出した。

あの当時は「粋な黒塀見越しの松」の囲い者の子なんていうのは公立学校にも結構ざらにいた。

そんなことは問題でもなかった。それなのに彼女は「公立学校は戸籍を提出しなければならなかった」という。

そうしたら父親と姓が違う、お妾さんの子とばれてしまう。で、母親が苦労して私学に通わせてくれたと続く。

しかし、これはおかしい。ちょっと調べれば分かる。あの頃もいまも、公立に入るには学区が分かる住民票を出すだけだ。不法入国した支那人たちが平気で子供を学校にやっているのは、そういうことの吟味が日本にはなかったからだ。

なぜ彼女がこんな見え透いた嘘をいうのか。担当は高橋美佐子記者と記事にはあるが、彼女はなぜそれを調べて嘘を指摘しなかったのか。

また、担当するデスクもそれはヘンだと普通なら思う。思ったら指摘して調べさせるところだろう。

朝日では吉田清治のころからウラを取る作業をしなかった。それで大誤報をやり木村伊量がクビを差し出した。いまの渡辺雅隆は神に誓ってウラを取るといった。でも今回は記者もデスクもそれをやらずに落合恵子の嘘を通した。

落合恵子という虚像を守れと

彼女はそれで私学に行くことになったと話を展開させるが、そういう身元に最もうるさいのが私学だろう。

名門私学で、誰それの妻と妾の子が同じ学年にいた。「妾の子の方が出来が良かった」

なんていう話はよく聞いた。

思うに、もし記者がこの大きな嘘を見つけて正したら、落合恵子の話は途端につまらなくなる。

日陰の子として苦労した。そういう前提が吹っ飛んでしまう。

そういえば、彼女は最近の活動に「婚外子を嫡出児と差別するな」と騒いでいた。で、愚かな最高裁が差別はいけないとか狂気の判決を出した。

「公立に入れるのにわざわざ私学を選んだ母」となってしまっては、せっかく創った落合恵子という虚像が崩れる。

では嘘を残そう。支那の報道と同じ。事実はどうでもいいということだ。

朝日新聞とはそんな新聞なのだ。


（2017年2月号）

姜尚中にも通底する支那人の本性を見極めろ

『七歳の捕虜』にみる孤児は感謝の言葉もなく日本を侮辱したが

斧で足を切り「歩けない村」に

第37師団は昭和14年、支那大陸の治安維持を目的に熊本で編成された。熊本人らしい勇猛さと弱いものをいたわる男気でも知られた。

その熊本で育った姜尚中は永野鉄男と名を偽って通名で通したくせに、日本人から苛められたとか後でぐじぐじ嘘を並べた。氏《うじ》より育ちというが、やはり氏がよくなくては何も始まらない。

昭和18年、山西省に駐屯した37師団は南の河南省で蒋介石軍の跳梁を聞く。227連隊第7中隊が出動し、黄河のほとり王爺廟で大隊規模の敵軍とぶつかった。彼らは同じ支那人の村を襲い、略奪強姦をほしいままにし、逆らえば子供に至るまで村民すべて斧で足を切り落とし「歩けない村」にした例もあった。

支那軍は頭数で第7中隊の5倍もいたが、中隊はあまり苦労もせずに敵の半分をやっつけ、残り500人ほどは戦意を失って手を上げた。

投降したものの中に7歳の男の子がいた。敵軍の士官が知り合いから預かった孤児という。名を俊明といった。

後送する捕虜と一緒というわけにもいかない。置き去りもできない。

結局、熊本の県民性がこの孤児を引き取ることにした。

戦闘の合間、兵たちは菓子や新しい服を買ってきては俊明を慰めた。

孤児の顔に笑みが戻った、と後に彼を養子にして熊本に連れ帰った軍医殿がその模様を記録している。以下はその養父の許で熊本濟々黌から大学まで出してもらって貿易商になった俊明自身が綴った自伝『七歳の捕虜』に拠る。

日本軍から読み書きを教わり

中隊は河南省での作戦を終わるとそのまま大陸打通作戦に加わり、南の湖南省、さらに桂林へと転戦した。もちろん俊明も伴っていった。

桂林の戦いは7個師団15万、戦車300両、支援戦闘機30機という堂々たる備えで昭和19年

9月に始まった。

支那での戦は、米独ソが蒋介石に肩入れした第2次上海事変を除けば殆どが日本側の楽勝だった。例外はある。一つが昭和14年、日本軍3千が30倍の支那軍9万とぶつかった崑崙関の戦いだ。戦いは1か月続き、敵軍3万をやっつけたものの自軍も死傷1千100人を出し、初めての撤退を強いられた。

そしてもう一つがこの桂林の戦いで、日本側は戦死1万4千を記録した。

第7中隊もこの激戦に加わった。桂林は漓江の清流と水墨画そのままの奇岩が織りなす景観で知られるが、その漓江が主戦場となり、あの流れが敵味方の血潮で赤く染まるほどだった。

戦いの間、俊明は炊事班と後方に残った。留守番中は日本語と読み書きを教わった。一つの作戦が終わると炊事班は中隊に合流し、次の戦場に向かった。

「残酷な日本軍」を語る江沢民

戦闘を繰り返すたびに俊明が見覚えた髭面の顔が少しずつ減っていったが、幼かったせいか俊明の自伝はそれにあまり触れてはいない。

やっと桂林作戦が終わると、次に中隊は江西省の柳州での戦闘に加わり、さらに崑崙関から南寧へと激戦は続いた。

俊明の手記には、この戦いのさなか別の日本軍部隊と出会ったことが書かれている。その部隊にも俊明と同じ境遇の孤児が保護されていた。

「子供は岩に頭を叩きつけて殺し、あるいは放り上げて銃剣で刺した」と江沢民は「残酷な日本軍」を語った。

しかし、現実は「蔣介石軍が毒を入れて行った井戸を消毒し」「彼らが決壊させた九江の堤防を日本軍が直した」（石川達三『武漢攻略戦』）うえに、転戦する各部隊がこういう形で支那人の孤児の面倒も見ていた。

俊明は、よその部隊のマスコットになっていた年かさの子と久しぶりに支那語で語り合った。一致しているのは米英ソが支援する支那軍の勢いが増していること。日本軍の補給は途切れ、ほとんど敗勢にあるということだった。

年かさの子がいう。「そろそろ出て行こうと思う」と。日本軍についていくのも限界で、だから一緒に逃げようという。俊明は躊躇い、留まった。

そして昭和20年春、南寧に入って打通作戦は終了するが、戦局は中隊に休養を与える余裕はなかった。

第7中隊は仏印からさらに西に向かう命令を受けた。俊明がそれに気づくのはドンダンから北部仏印にそしてサイゴンに下ったころだった。

目的地は豪州軍が最初の制圧地とする東ティモールといわれていた。

しかしそこに至る前に終戦を迎えた。敗れた日本軍に対し、俊明は「戦勝国民」になった。連合軍は勝ち組の支那に帰る便宜を図るという。

9歳になっていた孤児は決断を迫られ、面倒を見てくれた若い軍医の養子になって、まだ見たこともない敗戦国日本に行く道を選んだ。

なぜ日本を選んだかの理由を、彼は著作の中で語っていない。

この本を途中まで読むと、彼が接した日本人の気質、情に接して日本人になる道を選んだのかと思う人があるいはいるかもしれない。

感謝の気持ちも持たない姜氏

しかし本は最後の章で大きく印象を変える。元孤児は感謝の言葉もなく、代わりに江沢民のいう「各地で女を犯し」「村人から略奪し」をなぞるように「残忍な日本人」を糾弾し続けている。

何の根拠もない。はっきりいえば嘘を並べて中隊ばかりか日本も侮辱する。

姜尚中の話を書いた。いい環境に置いても彼は感謝の気持ちも持たない。

いま支那は日本からＯＤＡの恩恵も受けた。レアアースでも大儲けもした。

だから礼節をわきまえ、かつての痰を吐き、ヒトを切り刻んで喜んだ支那人は消えたと思うのは大きな間違いだ。

この元孤児が示したように、彼ら支那人はいつまでも支那人のままだ。友好もいいが、それは弁《わきま》えておきたい。


（２０１４年１月号）

『朝日新聞』が心配する宮崎駿の遅すぎた目覚め

NHKも朝日も左翼反戦の広告塔の心変わりに困惑して

零戦を買おうとしていた宮崎

青い空を飛ぶ。それを描いて第一人者が宮崎駿だ。『ナウシカ』『ラピュタ』『トトロ』『魔女の宅急便』。いずれも青い空を飛んで観る人を魅了した。彼には『もののけ姫』とか地べたたモノもあるが、こっちはちっとも面白くなかった。

彼がなぜ青い空を思い切り飛びたかったか、分かるような気がする。なぜなら彼とほぼ同い年だからだ。

物心ついたときは敗戦日本にいた。あのまずい脱脂粉乳が思い出を占めるけれど、ただ、ほかに悪い思い出はない。テレビはなかったが、本屋には講談本がいっぱいあった。熊谷次郎直実から鍵屋の辻とか楠正行とかもそれで覚えた。

月刊の『面白ブック』もあった。巻頭の小松崎茂や樺島勝一の描く戦艦大和とか零戦とか96式陸攻とかの精密画には興奮した。朝鮮動乱があってF76がもう飛び始めていたが、頭の中は我が帝国陸海軍に占められていた。

この世代はみな零戦を描いた。竹ひごの飛行機を飛ばした。宮崎駿も同じだったと思うのは「本物の零戦を買おうと思った」とどこかに書いていたからだ。

因みに彼が買おうとしたのは多分サンタモニカにある1機だと思う。米国人マニアがニューギニアなどを歩いて零戦の残骸を集め、足りない部品は日本から零戦の設計図を借りて忠実に再現した。ロシアのアントノフの工場で最後の組み立てをして、初飛行は確か今世紀初めだったと記憶する。

そんなに好きなら、この米国人と同じにパプアに探しに行けばよかったが、彼はそうはしなかった。

なぜなら彼は学習院を出た後、東映動画に入って「労働運動に積極的に参加した」（朝日新聞）という。零戦に憧れた純真な少年の思考はそこで停止したみたいだ。それ以降、彼は「日本は愚かな戦争を起こして東アジアに迷惑をかけ、焦土となった」（同）を繰り返した。

原子力のゲの字も知らないで

ジブリの機関誌では「戦争放棄を謳った憲法9条を変えることは反対だ」「慰安婦問題は謝罪、賠償せよ」「原発はやめろ」と発言する。

自分のセリフじゃあない。なぜなら彼は原子力のゲの字も知らない。左ぶっていれば文化人に見えると思ってきたのか。山本太郎と差は見えない。

零戦好きなら、例えば真珠湾の零戦を描きながら、その背景も考える。あのころは知らなくてもいまならルーズベルトが突如、サンディエゴにあった海軍基地を真珠湾に持ってきたことがわかる。

米海軍や議会が補給も訓練も難しい、おまけに日本軍の行動圏に入る場所に、なぜ基地を移したのかと抗議した公文書が残る。「まるで日本海軍機に襲って下さいといっているようなものだ」と。

しかし、大統領は著名軍事評論家フレッチャー・プラットに代弁させた。「日本機の操縦者は近眼で、背中に負ぶって育てられたから平衡感覚が異常で、急降下爆撃もできない」と。結局、真珠湾攻撃までの2年間、米艦隊はここに囮の鴨のように足止めされた。

韓国記者との会見を強いられ

さらに彼は支那に戦闘機とカネと兵器を送り込んで、ついには上海事変まで起こさせた。歴史を見れば日支の深刻な衝突はすべて彼の任期中に起きている。

その上で彼は日本を黴菌《ばいきん》と罵り、ついには油と鉄の輸出を絶った。

IQが人並みなら「日本が思い上がって戦争を始めた」という朝日新聞辺りの言い分がヘンだと思うだろう。それとも思慮がなくてもアニメ屋は務まるとでもいうのか。

そしたら宮崎駿が零戦の設計者、堀越二郎を主人公に空ものを描くと聞いた。古希を過ぎて、ふと少年時代の小松崎茂を思い出したか。ゴムをいっぱい巻いて飛ばした竹ひご飛行機の翼に描かれた日の丸の美しさを思い出したか。

半世紀迷ったヒトがいま、やっと目覚めたと、それを聞いたときに思った。

零戦は本当に美しい。特に正面から見た主翼のカーブは芸術品だ。欧州戦線で落とされたことのなかった空飛ぶ要塞B17は史上初、零戦に落とされた。フィリピンでは5機まとめて坂井三郎らの正面攻撃で撃墜された。彼らは落とされる直前までこの戦闘機の最も美しい正面からの姿を見続けられたわけだ。

ところが「反戦で売ったアニメ家が零戦を描く」ことはそうすんなりとはいかなかっ

た。この取り合わせにＮＨＫと朝日新聞と韓国がぴくんと反応した。

反戦アニメ屋が「戦争の象徴である零戦を描く」（朝日新聞の社説）のは許せないということだ。

知らなかったが、そこから妙な制動が始まった。宮崎駿はまず韓国人特派員相手に記者会見を開かせられ「なぜ零戦を描いたか」を吊るし上げられたと、会見にオブザーバー出席した朝日新聞記者が報告している。文革みたいだ。

ＮＨＫも作品の制作過程から密着取材し、零戦をどう描くにせよ「戦争賛美につながらないか」とジブリの赤いスタッフに突き上げさせ、苦悩する宮崎駿を映しつづけた。

自分の部下だけなら彼も素直に自分の覚醒を語れただろうが、ＮＨＫが監視していたらそうもいかない。

朝日は反戦アニメと褒めるが

ＮＨＫも朝日も、いまや唯一の左翼反戦の広告塔・宮崎駿の心変わりにとても困惑している様が見て取れた。

結局、作品は見るも哀れ、何をいっているのか、なぜ『風立ちぬ』なのか、さっぱりわからない駄作に終わった。

「反戦の広告塔」も危うい。朝日新聞は「堀越二郎は無理な性能を要求する軍部と戦い続けた」から「決して軍部と結託した人ではなかった」と書く。だからあれは反戦アニメだと。笑える。

宮崎駿はアニメをやめるといった。文化人でなくていい、街工場の親父だとも語った。本音で生きられないことへの恨み節だろうが、左翼文化人に安住してきた己の不明をまず恥じるのが先だろう。


（2013年12月号）

グレゴリー・クラークにみる白人の「無知と傲慢」を斬る

「日本は原爆で救われた」とジャパンタイムズに書く豪州人

〝ナンパの神様〟を持ち上げて

お前が白人の男なら東京に行け。女がほしければテクニックは要らない。街に出て通りすがりの日本女の髪を引っ掴め。そして女の顔をお前の股間に押し付ければ、それでいちころさ。

ご存じ〝ナンパの神様〟を自称するジュリアン・ブランクの戯言を我が国を代表する英字紙『ジャパンタイムズ』がでかでかと、それも肯定的に載せていた。

同じ日の紙面には川内原発の稼働ＯＫに朝日新聞以上に怒気で噛みつき、大騒ぎする反原発の活動家の写真を大きく載せる。隣には「横田めぐみさんは死んでいる」という韓国の与太記事を扱い、あとは日本の景気は後退だとか、日本製の欠陥エアバッグが米国で問題化したとか。

よくもまあ、日本人が嫌がる話だけを集めたものだと感心させられる。

英語圏以外の国、例えばイランやマレーシアで自分の国をここまで嘲《あざけ》り、貶《おとし》める英字紙を見たことがない。

この新聞は日本人を貶める反作用として、白人をやたら持ち上げる。

半世紀前の英外交官ヒュー・コータッチなどはもはや生き神様扱いで「戦没者慰霊苑があるから靖国神社を潰せ」という主張をまるで福音のようにありがたがる。本人は日本通を自称するが、神社とお墓の違いも知らない。

その類いにグレゴリー・クラークがいる。豪州紙の記者として日本にきた彼はジュリアンと同じ、白人以外に取り柄はなさそうなのに上智大教授に招かれ、ＪＥＴＲＯに雇われ、多摩大学長に就任し、さらには小渕内閣でも偉い役に就いた。

そこまで優遇されるワケがわからないが、もっとわからないのがジャパンタイムズに書いた彼の「先の戦争はいかに終わらせられたか」という一文だ。

小渕首相がなぜ珍重したのか

大戦中、豪州政府の中枢はメルボルンのヴィクトリア・バラックに避難した。フィリピン戦線から逃亡したマッカーサーも同じところに入った。敵前逃亡ゆえに恥ずかしくて米国にも帰れない。暗い部屋で部下のカルロス・ロムロらと「バターン死の行進」とか、うじうじ反日デマを捏造して時間を潰していた。

その建物の近くに豪軍諜報機関があって「ハルビン領事館が東京に向けた無線をそこで傍受、解読していた」ことをクラークは新発見のように伝える。

なんで満州発信の無線を傍受できたかの理由が「メルボルンからは遠いが、同じ経度だから容易に電波を補足できた」と説明する。

地球の南北両極から経度に沿って地磁気が走るが、それと無線通信はまったく別物だし、地磁気は電波をむしろ攪乱もする。こんな男を小渕首相がなぜ珍重したのか意味がわからない。

彼の御託を続けると「ハルビン発の暗号を解読した結果、モスクワが太平洋を北上する連合軍の動向をハルビン領事館経由で東京にリークしていた」という。

広島&長崎原爆を賛美する?!

なぜソ連は連合軍の情報を日本に漏らすのか。豪州政府はその意味を探った。そして

「スターリンは早めに日本を侵攻、占領を画策していた」ことが分かった。ソ連は'45年2月のヤルタ会談で、ドイツが降伏したあと、対日戦に参戦することを英米と約束していた。ソ連はロシア時代に1度、不凍港を求めて日本と戦った。しかし逆にコテンパンにやられ、シベリアに追い返された。

その30年後、スターリンは満州国境ノモンハンを5万の機械化部隊を投入して侵攻させたが、ここでも日本軍に跳ね返された。ソ連側は数百両の戦車と300機の戦爆撃機を失っている。

そして巡ってきた3度目のチャンス。スターリンは強い日本軍を「ソ満国境から引き離すべく、親切顔で連合軍側の動きを日本側につぶさに知らせた。そうすれば日本は、ソ連国境に配備された日本軍を南方に転進させるだろう」と。

その間に東部戦線のソ連軍をシベリアに転進させ、手薄になった国境を越えて一気に攻め込める。皮算用では満州と日本本土の北海道と東京以北を取るはずだったとクラークはいう。

「実際、フィリピンでの日本軍の米軍への抵抗は激しかった。それは疑いなくソ連からの情報によるものだった」

スターリンの思惑通りに運べば「日本の半分はソ連に占領され、天皇制は廃され、日本人は東欧諸国と同じに半世紀に及ぶ苦難のときを過ごしただろう」

しかし、そうはならなかった。クラークは「米国はぎりぎりに原爆を完成させてそれを投下し、その威力で日本を降伏させた」と書く。

もし原爆が投下されなかったら、狂気の軍部が果てしない抵抗を続けて、スターリンの思い通りになっていた。日本は原爆で救われたのだと。

このアホな豪州人は広島で10万人の女性子供を焼き殺され、長崎でさらに7万人を殺された明らかな米国の国際法違反行為を、感謝しろという。

だいたいクラークは戦争の経緯も知らない。マッカーサーは飛び石作戦を採り、多くの日本軍は無駄に取り残された。

この男は「連合軍側はとっくに日本の暗号を解いていた」という。

それなら日本がソ連を通してヤルタ会談前から休戦交渉を始めていたのを知っていたはずではないか。

めぐみさんや拉致問題を軽視

公表された昭和天皇の実録には日本降伏のご聖断は「ソ連軍の満州侵攻の報告を聞かれた18分後」だったとある。

もはや制空権もない。非人道兵器を使って恥じない米英軍がそこまできた。加えて狂気の共産主義国家が条約を破って侵攻してきた。陛下は国際状況をよく理解されていた。

クラークのいい分は戯言でしかない。因みに彼は横田めぐみさんの偽遺骨のＤＮＡ分析を「日本にそんな技術はない」と非難し、拉致問題ごときで北朝鮮を孤立させるなと日本を非難している。

色白は七難隠すという。でも白人の無知と傲慢までは隠せない。

（２０１４年12月号）

本書は『月刊テーミス』の連載「日本警世」をまとめ、加筆・再編集したものである。

[著者略歴] 高山正之（たかやま　まさゆき）
1942年生まれ。ジャーナリスト。1965年、東京都立大学法律経済学部卒業。産経新聞社入社。社会部デスクを経て、テヘラン支局長、ロサンゼルス支局長。98年より産経新聞夕刊一面コラム「異見自在」を担当。編集委員を経て、帝京大学教授を務めた。2001年より『月刊テーミス』に「日本警世」を好評連載中。
主な著書に、『日本人の目を覚ます痛快35章』『米国・支那・韓国・朝日を斬る』（テーミス）などがある。

高山正之が斬る 朝日新聞の魂胆を見破る法
なぜ巨大メディアは平気で嘘をつくのか

2018年6月15日　　初版第1刷発行

著　者　高山正之
発行者　伊藤寿男
発行所　株式会社テーミス
東京都千代田区一番町13-15 一番町 KG ビル 〒102-0082
電話　03-3222-6001 Fax　03-3222-6715
印刷 製本　シナノ印刷株式会社

 ISBN978-4-901331-33-3